Yoga

Yoga

Christina Brown

Parragon

Bath • New York • Singapore • Hong Kong • Cologne • Delhi
Melbourne • Amsterdam • Johannesburg • Auckland • Shenzhen

Parragon Books Ltd
Queen Street House
4 Queen Street
Bath BA1 1HE, UK

Realisation der deutschen Ausgabe:
trans texas publishing, Köln
Übersetzung aus dem Englischen:
Susanne Schmidt-Wussow, Berlin
Lektorat: Kirsten E. Lehmann, Köln

Fotografien: Senthil Kumar

ISBN 978-1-4454-1306-8
Printed in China

Danksagungen:
Besonderer Dank für ihre Hilfe bei den Fotografien geht an Franz Andrini, Emma Barton, Nandhitha Ramaprasad, Jenny Vanneufville und Christina Brown.

INHALT

EINFÜHRUNG

Yoga ist mehr als nur eine Reihe von Übungen, die den Körper energetisieren und entspannen. Yoga harmonisiert Körper und Seele und ist eine hervorragende Methode der Transformation.

Om asathoma satgamaya
Thamasoma Jyotirgamaya
Mrithyorma Amrithangamaya
Om Shanti Shanti Shanti

Führe mich vom Unwirklichen zur Wahrheit,
von der Dunkelheit ins Licht,
von der Not des Todes zum ewigen Leben
Om Friede, Friede, Friede

SANSKRIT-GEBET

In einem der Grundlagentexte des Yoga, dem Chitta-Vrtti, wird Yoga definiert als Stillstand der Bewegungen des Geistes (chitta-vrtti-nirodhah). Daher ist Yoga eher ein Daseinszustand als eine Übung. Das Ziel des Yoga besteht darin, den inneren Geist vom Körper zu trennen, der ihm als Gefäß dient.

Während der Übende die Kontrolle seines Geistes anstrebt, werden seine Gedanken zum Schweigen gebracht, und der Yogi erlangt seine wesenhafte Reinheit zurück. Diese Neutralisierung des Gedankenkarussells tritt in einem tranceähnlichen Zustand ein (samadhi).

Asanas, das Einnehmen bestimmter Körperhaltungen, werden im Westen am ehesten mit Yoga gleichgesetzt. Sie helfen dabei, den Körper für die langen Stunden der Meditation, die für die Erreichung des Ziels notwendig sind, zu öffnen und vorzubereiten. Asanas verändern auch die feinstofflichen Energien im Körper und machen so den Weg frei für die Erfahrung höherer Geisteszustände.

Dem Körper wohnt eine Energie – Kundalini genannt – inne. Diese Kraft wird oft mit einer Schlange verglichen, die schlafend am Ursprung der Wirbelsäule liegt. Diese Energie zu erwecken ist Ziel des Hatha-Yoga, auch mithilfe von Asanas. Hatha-Yoga reinigt Körper und Geist, um den Weg freizumachen für die kosmische Kraft.

Asanas dehnen die Wirbelsäule und sorgen für eine bessere Blutversorgung; so wird die Aufwärtsbewegung der Kundalini unterstützt.

Das Wort „Yoga" leitet sich aus dem Sanskrit-Wort yug ab, das „anschirren" bedeutet. Das Anschirren, Nutzbarmachen von Energien kostet Mühe. Zwar beginnen viele Menschen beim Yoga mit Körperpositionen, doch zum Hatha-Yoga, auch „Yoga der Kraft" genannt, gehören neben Asanas moralische Prinzipien, Atemübungen, Konzentration und Meditation. Mithilfe dieser Praktiken wird eine Vereinigung mit der kosmischen universellen Kraft und der Zustand des Yoga angestrebt.

Selbstverwirklichung und das Erreichen von Samadhi sind sehr hochgesteckte Ziele. Aber auch auf alltagspraktischer Ebene hat Yoga uns im 21. Jahrhundert vieles zu bieten. Yug wird auch übersetzt mit „verbinden, vereinigen"; und obwohl Yoga zunächst trennt – nämlich den Geist vom Körperlichen, der Materie –, vermittelt er dem Praktizierenden ein Gefühl der Einheit. Yoga hilft, Geist, Körper und Seele zu harmonisieren. Durch die Verbindung von Gedanken, Atem und Haltung richtet Yoga den mentalen, den physischen und den emotionalen Körper aufeinander aus. Die Praxis des Yoga ermöglicht eine Rückkehr zum inneren Selbst und die Erfahrung darüber, wer wir sind. Durch das Erleben solch kleiner Momente der Selbstverwirklichung dürfen wir einen kurzen Blick auf unsere wesenhafte Reinheit werfen, als erinnerten wir uns daran, wer wir wirklich sind – was wir im Alltagstrubel vergessen haben.

Jede Yogaübung ist eine kleine Umkehrung des Bewusstseins. Yoga lehrt uns, den Geist zum Schweigen zu bringen und

Unten: Durch Yoga lernen Übende, den Geist zum Schweigen zu bringen.

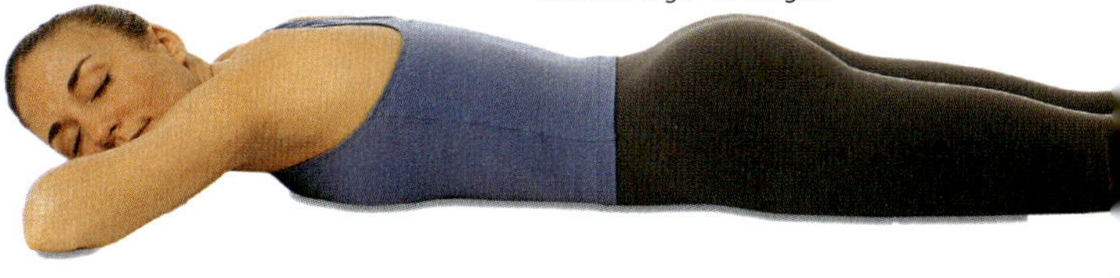

nur auf den gegenwärtigen Moment zu achten. Yoga lehrt Geduld und Demut im Angesicht von Schwierigkeiten. Yoga vermittelt ein Gefühl von Ganzheit und Frieden.

Asana und Ausrichtung

Yogapositionen basieren auf geometrischen Formen. Wenn sie unter Beachtung der korrekten Ausrichtung ausgeführt werden, gestalten Asanas den Körper neu. Muskeln werden trainiert, sich über ihre gewohnten Haltungsmuster hinaus zu dehnen. Manchmal gleicht ein verspannter Bereich im Körper einen anderen, schwächeren aus. Diese Körperzone kann ihre schützende erhöhte Spannung aufgeben, sobald der schwächere Bereich stärker wird. Selbst Knochen können mit der Zeit ihre Form ändern. Häufig sind wir uns unserer Körperhaltung gar nicht richtig bewusst. Um ungünstige Haltungsmuster zu durchbrechen, empfiehlt sich der Besuch von Kursen bei einem erfahrenen Lehrer, der Rückmeldungen zur Ausrichtung geben kann.

Asanas unterstützen das Pulsieren im gesamten Körper. Der Kreislauf des Blutes und der Rückenmarksflüssigkeit, die Vorgänge der Verdauung und Ausscheidung, das Lymphsystem und alle Organe brauchen wiederkehrende Impulse, um bei guter Gesundheit zu bleiben. Yogapositionen machen den Körper frei für diese natürlichen Pulsschläge. Yogaübungen wirken wie eine Selbstmassage, und zwar nicht nur für die Muskeln, sondern auch für das

Die Konzentration auf unterschiedliche Körperteile auszuweiten, führt zur Entwicklung ganzheitlicher Körperwahrnehmung.

tiefer liegende Gewebe und die inneren Organe.

Eine der häufigsten geistigen Blockaden bei Anfängern besteht in der Annahme, nicht beweglich genug für Yoga zu sein. Lassen Sie sich nicht von mangelnder Beweglichkeit entmutigen; das eigentlich Wirksame einer Asana besteht ohnehin in der geistigen Präsenz – dem Bewusstsein für den ganzen Körper – und in einem ruhigen, gleichmäßigen Atem.

Beim Üben reihen sich einzelne Stellungen wie Perlen zu einer Halskette aneinander.

Atmung

Geist und Atem stehen in einer Wechselbeziehung zueinander; die Veränderung des einen hat Auswirkungen auf den anderen. Die Konzentration auf den Atem beim Üben von Asanas hilft dabei, das Bewusstsein zur Ruhe kommen zu lassen. Aus diesem Grund sollte das Atmen nie eine Anstrengung darstellen. Ein- und Ausatmen sind wie Wellen, die sich am Ufer brechen. Eine gleichmäßige Atmung lässt auch im Geist Beständigkeit entstehen.

Atmen Sie durch die Nase und nicht durch den Mund, damit die Luft gefiltert und vorgewärmt wird. Wenden Sie beim Ausführen von Asanas die Ujjayi-Atmung an (s. S. 118). Als Faustregel gilt: Einatmen beim Hochkommen aus einer Stellung, beim Heben der Arme sowie bei Bewegungen, die den Brustkorb weiten, etwa bei der Rückbeuge; Ausatmen bei Abwärtsbewegungen, beim Senken der Arme und bei der Vorbeuge.

Anstrengung

Einen Muskel vollständig zu aktivieren, lenkt die Aufmerksamkeit des Geistes direkt auf diese

Körperzone. Das Aktivieren einer Muskelgruppe verbessert die Wahrnehmung und ist eine gute Übung für die Konzentration. Es aktiviert auch den Geist – ein Grund für die transformierende Kraft der Asanas. Die geforderte Anstrengung lehrt Disziplin und wirkt positiv. Für Anfänger erfordert das Halten einer Stellung etwa 90 % Anstrengung. Auch ist es zunächst nicht leicht, das Weichwerden und Loslassen zu erspüren, die die übrigen 10 % ausmachen. Im Laufe der Zeit und durch beständiges Üben verschiebt sich dieses Verhältnis. Die Asanas fühlen sich angenehmer an, und Übende spüren die positiven Auswirkungen, wenn die Anstrengung sinkt. Die Freiheit in einer Position zu erleben, indem man sich ihr ganz hingibt, erzeugt tiefe Zufriedenheit.

Zwischen Anstrengung und Loslassen muss ein Gleichgewicht herrschen. Wenn Sie sich nicht so weit dehnen, wie Sie können, ist die Übung zu leicht und Ihre Aufmerksamkeit wandert ab. Wenn Sie sich überdehnen, ist die Übung zu schwierig. Mit Anstrengung zu üben bedeutet nicht, übermäßig Kraft aufzuwenden. Wenn Sie beim Üben die Stirn runzeln, die Zähne zusammenbeißen oder den Atem anhalten, sollten Sie sich etwas zurücknehmen.

Yoga bedeutet, das Präsentsein im Augenblick zu üben.

Grenzen erspüren

Wer lernen will, sich bis an seine Grenzen zu dehnen, muss herausfinden, wo diese Grenzen liegen. Sie verschieben sich täglich, also müssen Sie Ihre Grenzen in jeder Übungseinheit neu entdecken. Asanas dienen dazu, sich kontrolliert einer schwierigen Situation auszusetzen. So können Sie üben, unter aufreibenden Bedingungen keine Anspannung aufkommen zu lassen.

Beim Annähern an die eigenen Grenzen ist es wichtig, zwischen Unbehagen und Schmerz zu unterscheiden. Auf dem Pfad zu Stärke, Beweglichkeit und Konzentration kommt es auch zu mentalem und körperlichem Unbehagen. Kämpfen Sie gegen körperliches Unbehagen nicht an, sondern gehen Sie weich in die Spannung hinein. Verspüren Sie mentales Unbehagen, dann konzentrieren Sie sich auf den Atem, um ins Jetzt zurückzukehren.

Wenn Sie in einer Stellung Schmerzen verspüren, haben Sie sich Ihren Grenzen zu schnell genähert, oder aber Sie sind nicht korrekt ausgerichtet. Schmerzen in den Muskeln oder Gelenken dürfen nicht ignoriert werden, damit es nicht zu Verletzungen kommt. Gehen Sie aus der Stellung heraus und prüfen Sie Ihre Ausrichtung.

Das Bewusstsein für die Atmung ist ein Hauptbestandteil der Yogapraxis, unabhängig von der Beweglichkeit.

Erdung

Wenn ein Teil des Körpers sich erheben soll, muss ein anderer Teil am Boden verankert sein. Jede Stellung hat einen Ankerpunkt. Auf dieser Grundlage lernen Sie, sich zu strecken, ohne sich zu verlieren. Ohne Beachtung der Erdung verkommen Yogapositionen leicht zu reinen Dehnübungen.

Ruhen

Die Entspannung während der Asanas verschafft dem Körper Raum, um dem Geist Rückmeldungen zu geben. Bewusstheit und Intuition entwickeln sich weiter. Bis die Kunst der Entspannung in den Stellungen sich ausgebildet hat, sollten Sie bei Bedarf zwischen den einzelnen Stellungen ruhen.

Zu Beginn der Übungen

Die folgenden Richtlinien helfen Ihnen dabei, die Übungseinheiten optimal zu nutzen. Denken Sie jedoch stets daran, dass im Yoga der Weg das Ziel ist.

Yoga versorgt die Zellen mit Energie, die sie zum Reparieren und Entgiften brauchen. Diese Energie sollte nicht in die Verdauung umgeleitet werden; üben Sie deshalb nicht mit vollem Magen. Nach einer üppigen Mahlzeit sollten Sie vier Stunden warten, bevor Sie mit dem Üben beginnen, und frühestens eine halbe Stunde nach den Übungen wieder etwas essen. Auch sollten Sie während der Übungen nichts trinken.

Falls Sie nur wenig Zeit haben, ist es besser, wenige Stellungen mit voller Aufmerksamkeit zu üben. Zu einer ausgewogenen Übungseinheit gehören Vorbeuge, Seitbeuge, Rückbeuge, Drehung, Gleichgewichtsübung, Umkehrhaltung und Entspannung.

Zweimal in der Woche zu üben, ist ein guter Anfang. Wenn Sie intensiv

Nehmen Sie eine Position mit auf, die Ihr Selbstbewusstsein stärkt, aber vergessen Sie nicht, sich außerdem mit schwierigeren selbst zu fordern.

üben, legen Sie einen Ruhetag pro Woche ein.

Das Üben in der Sonne ist meist zu ermüdend. Wählen Sie einen warmen Platz mit sauberem, ebenem Untergrund. Eine gepolsterte Unterlage ist bei einigen Bodenübungen angenehmer. Yogamatten bieten eine solche Polsterung und verhindern das Wegrutschen bei Standpositionen. Die Kleidung sollte das Dehnen ermöglichen und bequem sein.

Frauen sollten es in den ersten Tagen der Menstruation ruhiger angehen lassen. Umkehrhaltungen, starke Rückbeugen und Drehungen sollten vermieden werden, da sie den Menstruationsfluss beeinflussen können. Üben Sie stattdessen stärkende Positionen wie Vorwärtsbeugen und Entspannungen.

Auch wenn Yoga zahllosen Frauen die Schwangerschaft und Geburt erleichtert hat, sollte in den ersten drei Monaten einer Schwangerschaft nicht damit neu begonnen werden. Da viele Stellungen für Schwangere gesondert angepasst werden müssen, empfehlen sich im

Hetzen Sie niemals durch eine Übungseinheit. Es ist nutzbringender, sich für weniger Stellungen mehr Zeit zu nehmen, als unaufmerksam eine Übungsabfolge abzuspulen.

zweiten und dritten Trimester spezielle Kurse für Schwangere.

Wenn Sie unter einem gesundheitlichen Problem oder einer Verletzung leiden, lassen Sie sich von einem erfahrenen Yogalehrer oder einem Arzt beraten, der etwas von Yoga versteht. Bei Fieber sollten grundsätzlich keine Asanas oder Pranayama geübt werden, um den Körper zu schonen.

BEWUSSTES ATMEN

Wenn Sie Yoga üben, widmen Sie die Zeit sich selbst. Wenn Sie möchten, zünden Sie eine Kerze an. Erweisen Sie sich selbst und dem Licht, das Sie in sich tragen, die Ehre ungeteilter Aufmerksamkeit. Den äußeren Energien können Sie ein Gebet oder ein Lied widmen. Beginnen Sie die Übungseinheit, indem Sie sich hinlegen oder hinsetzen, um Zugang zur inneren Stille zu finden. Bringen Sie Ihren Geist zum Schweigen und seien Sie im Augenblick präsent, indem Sie sich auf Ihren Atem konzentrieren.

1 Mit gebeugten Knien auf die linke Seite legen. Die Arme gerade nach vorn ausstrecken und die Handflächen aufeinanderlegen. Auf den rechten Daumen schauen und beim Einatmen den rechten Arm heben, bis die Finger senkrecht nach oben zeigen.

YOGISCHE WEISHEIT

Yoga ist sowohl die Reise als auch das Ziel.

2 Beim Ausatmen den rechten Arm hinter dem Körper in Richtung Boden bringen. Falls die Schultern beweglich genug sind, den Handrücken auf dem Boden ablegen. Beim Einatmen den Arm wieder heben, dabei mit den Augen stets der Hand folgen. Darauf achten, dass die rechte Schulter nicht einsackt, sondern der ganze Arm gestreckt wird. Beim Ausatmen den Arm wieder nach vorn führen und die Handflächen wieder aufeinanderlegen.

Die Übung fünfmal wiederholen. Atem und Bewegung sind langsam und gleichmäßig. Die Bewegung folgt dem Atem. Die Finger zeigen am Ende jeder Einatmung senkrecht zum Himmel. Die maximale Öffnung und das Aufeinanderlegen der Handflächen fallen mit dem Ende der Ausatmung zusammen.

3 Beim Öffnen im sechsten Durchgang den Handrücken auf dem Boden ablegen. Die Drehung in der Hüfte verstärken und dabei die rechte Seite des Rückens noch mehr mit dem Boden in Kontakt bringen. Den rechten Arm aus dem Gelenk heraus strecken und spüren, wie die Schultern sich weiten. Diese Stellung bewirkt eine sanfte Öffnung der Brust. Das Einatmen nach dem Ausatmen nicht forcieren, sondern warten, bis der nächste Atemzug von selbst kommt. Während der Körper ruhig daliegt, macht jedes Ausatmen ihn weicher und entspannter.

4 Übung auf der rechten Seite wiederholen. Dazu die Arme ausgebreitet lassen, beim Einatmen die Beine über die Mitte nach rechts führen und auf die rechte Seite legen.

KATZE

Diese Übung bringt Aufmerksamkeit und Beweglichkeit in die gesamte Wirbelsäule. Das Überführen des Atems in Bewegung zentriert und hilft dabei, den Atemfluss konstant zu halten.

1 In den Vierfüßlerstand gehen – mit den Knien unter die Hüften und den Händen unter die Schultern. Die Hände so positionieren, dass beide Mittelfinger gerade nach vorn zeigen. Auf den Boden zwischen den Händen schauen.

TIPP

Konzentrieren Sie sich pro Übung auf jeweils einen Wirbel. Spüren Sie, wie er arbeitet.

2 Beim Einatmen aufschauen und den Rücken Richtung Boden absenken. Die Biegung im Kreuz verstärken und das Steißbein heben. Den Nacken beim Aufschauen gerade lassen. Das Brustbein nach vorn und oben bewegen, ohne die Schultern einsacken zu lassen.

3 Beim Ausatmen das Becken unter den Körper schieben und den Rücken rund machen. Der obere Rücken wölbt sich dabei von selbst; diese Wölbung soll sich auch im unteren Rücken fortsetzen. Jeden einzelnen Wirbel in Richtung Himmel schieben und dabei spüren, wie die Schulterblätter auseinandergezogen werden; die Handflächen flach auf den Boden drücken und damit erden. Zum Ende der Ausatmung das Kinn in Richtung Brustbein bewegen.

Die Übung zehnmal wiederholen und im Atemrhythmus die Wirbelsäule heben und senken. Dabei konzentriert bleiben, damit die Wölbung mit jedem Mal stärker wird. Zum intensiveren Üben die Hände 8 cm nach innen setzen, um die Wölbung zu verstärken.

2 Standpositionen

Übungen im Stand geben uns die Möglichkeit, die Verbindung mit der Erde unter unseren Füßen zu erfahren. Sie lehren uns, eine stabile Grundlage aufrechtzuerhalten, während wir nach den Sternen greifen.

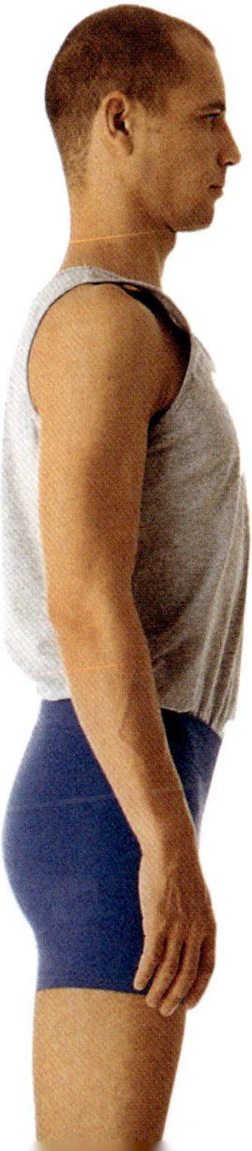

Die Linienführung der Arme und Beine sind in Standpositionen leicht zu erkennen. Wie kräftige Energiestrahlen entspringen sie aus der Wirbelsäule, die sie speist. Werden die Gliedmaßen weiter gestreckt, bleibt die Wirbelsäule als zentrierender Ausgangspunkt.

Die Standpositionen fördern Kraft, Konzentration und Stabilität. In diesen Positionen lassen sich Muskeln und Gelenke leicht aktivieren. Zwar müssen die Beinmuskeln arbeiten, doch die Spannung darf die Beine nicht unbeweglich machen oder zu einer unregelmäßigen Atmung führen. Versuchen Sie immer, in die Spannung zugleich Weichheit und Nachgiebigkeit zu bringen.

Für die Stellungen mit gespreizten Beinen gilt: Je weiter die Füße auseinanderstehen, desto größer ist die Dehnung der Wirbelsäule, aber desto schwieriger auch, das Gleichgewicht zu halten. Die Anstrengung beim Ausbalancieren fördert die Konzentration im Wechsel zwischen Stabilität und Ausdehnung des Selbst.

Unsere Füße sind die Grundlage, auf der wir arbeiten. Für Anfänger empfiehlt es sich, mit Standpositionen zu beginnen.

AUFRECHT STEHEN

Die „perfekte Haltung" zu erreichen, ist nicht immer ein realistisches Ziel. Als Reaktion auf Verletzungen oder Schmerzen sind ausgleichende Bewegungsmuster entstanden. Sie führen zu Schonhaltungen des Körpers als physiologischem Grundgerüst. Verzweifeln Sie nicht, wenn Ihre Ausrichtung alles andere als ideal ist – den meisten geht es so. Der erste Schritt zur Veränderung besteht bereits darin, Fehlhaltungen und -bewegungen wahrzunehmen.

Der nächste Schritt ist regelmäßige körperliche Betätigung unter besonderer Beachtung der Ausrichtung und des Lösens von Muskelspannungen; hierbei kann Yoga dem Körper helfen, sein Gleichgewicht wiederzufinden.

Die Wirbelsäule ist vierfach gekrümmt. Wenn ein Baby geboren wird, bildet seine gesamte Wirbelsäule ein konvexes C. Sobald das Kind beginnt, den Kopf zu heben, entsteht die nach innen gerichtete, konkave Krümmung der Halswirbelsäule. Beim Sitzen bildet sich die konkave Krümmung im unteren Rücken. Die vierte Krümmung sitzt am Ende der Wirbelsäule, wo sie in Kreuzbein und Steißbein mündet. Diese Krümmungen wirken als eine Art Stoßdämpfer. Eine gesunde Wirbelsäule zeigt vier ausbalancierte Krümmungen.

Bitten Sie einen Freund oder eine Freundin, Ihnen bei

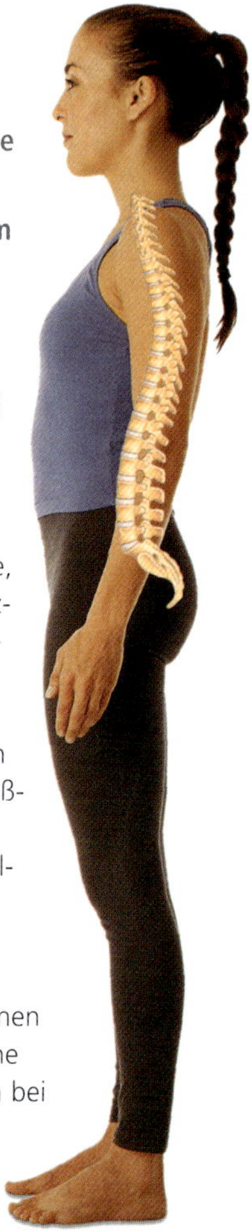

Die Krümmungen der Wirbelsäule

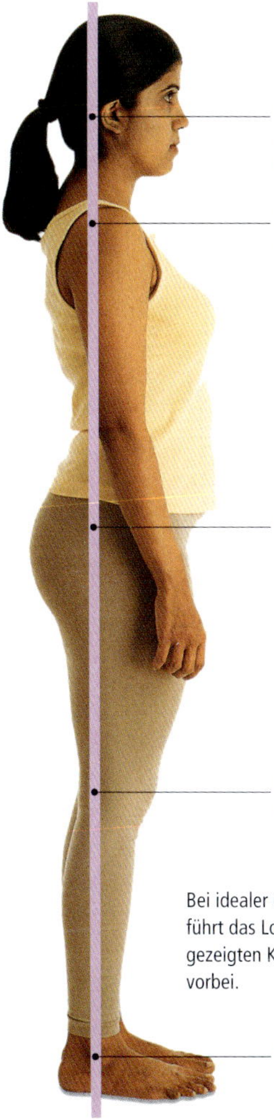

Bei idealer Körperhaltung führt das Lot an den hier gezeigten Körperpunkten vorbei.

der Einschätzung Ihrer Haltung zu helfen. Lassen Sie eine Schnur mit einem Gewicht daran so an der Seite Ihres Kopfes bis zum Knöchel herabhängen, dass sie den hintersten Punkt des Ohrs streift. Notieren Sie, an welchen „Landmarken" die Schnur auf dem Weg zum Boden vorbeikommt. Bei einer idealen Haltung läuft sie über den hintersten Punkt des Ohrs, die Schulterspitze, die Mitte des Hüftgelenks, die Mitte der Kniekehle und den hinteren Rand des Knöchels.

Wenn das Lot nicht über diese Punkten fällt, denken Sie daran, dass Missverhältnisse oft nicht in den sichtbaren Bereichen entspringen, sondern weiter unten. Abweichungen in den Füßen (etwa ein abgeflachtes Fußgewölbe, einwärts oder auswärts gedrehte Füße) verändern die Knie. Probleme in den Knien wirken sich auf die Funktionsweise der Hüften aus. Jedes Fuß-, Knie- oder Hüftproblem kann Auswirkungen auf Rücken und Nacken haben. Häufig weitet sich ein Problem im unteren Rücken mit der Zeit aus, bis auch im Nacken Beschwerden auftreten.

Samasthiti

BALANCIERTES STEHEN

Nehmen Sie vor und nach jeder Standposition diese stabile, zentrierte Haltung ein. Samasthiti kann auch im Alltag jederzeit geübt werden.

VORSICHT

Stellungen im Stand bei akutem Asthma, Colitis oder Herzproblemen vermeiden.

1 Je nach Vorliebe mit geschlossenen oder in geringem Abstand aufgestellten Füßen stehen. Die Aufmerksamkeit auf die Fußsohlen und auf die Gewichtsverteilung richten. Lastet auf einem Fuß mehr Gewicht als auf dem anderen?

TIPP

Auf die Zehenspitzen stellen und fünf Atemzüge lang gleichmäßig atmen, dabei einen Punkt in Augenhöhe fixieren. Augen und Kopf auf gleicher Höhe halten und die Fersen langsam absenken. Spüren Sie nach, wie groß Sie jetzt sind!

2 Wenn Sie das Gleichgewicht halten können, Augen schließen. Das Gewicht langsam über den Punkt zwischen den Füßen von einer Seite zur anderen verlagern. Dann mehrmals langsam nach vorn und nach hinten lehnen. Zum Schluss zentriert stehen bleiben. Die Füße im Geiste weich werden lassen, bis sie sich nach außen zu weiten scheinen.

3 Sind die Füße geerdet, die Aufmerksamkeit auf die Beine lenken und sie im Geiste von den Knöcheln aufwärts länger werden lassen.

4 Die Aufmerksamkeit auf den Rumpf ausweiten. Das Becken bleibt in einer neutralen Position, weder nach vorn noch nach hinten gekippt (Siehe hierzu „Die Rolle der Hüften bei der Vorbeuge", S. 61).

5 Spannungen in der Wirbelsäule beim Ausatmen lösen, bis sie länger werden kann. Der Bauch

bewegt sich im Gleichklang mit der langsamen, rhythmischen Atmung nach innen und außen.

6 Falls der Rücken rund wird und der Brustbereich zusammensinkt, das Brustbein sanft in Richtung Kinn heben. Die Bewegung soll so zart sein, dass die freien Rippen nicht hervorspringen. Falls der Brustkorb so stark gedehnt ist, dass im unteren Rücken Spannungen auftreten, die Brust loslassen, bis sie weich wird.

7 Schultern senken und entspannt hängen lassen. Der Raum zwischen den Schulterspitzen sollte sich weit anfühlen. Arme hängen lassen, die Finger sind leicht gebeugt.

8 Sind die Schultern entspannt, kann der Hals sich nach oben strecken. Der Kopf ist schwer, aber manchmal entstammt ein Teil des gefühlten Gewichts einer falschen Körperhaltung! Lassen Sie dieses unnötige Gewicht los, bis der Kopf so leicht wie ein Luftballon auf dem Hals sitzt. In dieser Haltung langsam, tief und gleichmäßig ein- und ausatmen.

Parsvakonasana

SEITLICHER WINKEL

Diese Asana dehnt wunderbar die ganze Körperseite. Wenn es sich in dieser oder in einer anderen Standposition unangenehm anfühlt, nach oben zu sehen, blicken Sie geradeaus.

Schultern loslassen, damit der Nacken entspannt und länger werden kann.

1 Aus der Ausgangsstellung Samasthiti (vorige Seite) die Beine weit spreizen. Das linke Bein und den linken Fuß vom Oberschenkelansatz aus um 15 Grad einwärts drehen. Den rechten Fuß um 90 Grad auswärts drehen. Arme seitlich ausstrecken. Das rechte Knie im 90-Grad-Winkel beugen. Das Gewicht gleichmäßig auf beide Füße verteilen.

VORSICHT

Das vordere Knie nicht über 90 Grad hinaus beugen. Wenn das Knie über das Fußgelenk hinausragt, müssen die Beine weiter gespreizt werden.

TIPP

Wenn das gebeugte Knie zu weit in Richtung großer Zeh steht und sich nur schwer über dem mittleren Zeh halten lässt, den ganzen Fuß etwas auswärts drehen.

2 Den rechten Ellbogen zum Oberschenkel führen. Mit dem Ellbogen so gegen das Knie drücken, dass es in dieselbe Richtung weist wie der mittlere Zeh. Dieser Ellbogendruck unterstützt die Drehung des Rumpfes; Bauchnabel und Brust orientieren sich nach oben. Den linken Arm senkrecht zum Himmel strecken, dabei die Finger so weit nach oben schieben wie möglich. Wenn dies Ihre Endstellung ist, sie fünf bis zehn Atemzüge lang halten. Wenn Sie bereit sind, atmen Sie an dieser Stelle einige Male ein und aus, bevor Sie die Asana vollenden.

3 Zum Einnehmen der Endstellung ausatmen, den Rumpf zur Seite strecken und die rechte Hand gewölbt auf den Boden legen. Den linken Arm über den Kopf hinaus wegstrecken. Das Becken senken und das vordere Knie im rechten Winkel halten. Nach vorn oder direkt vor dem linken Oberarm nach oben sehen. Die Stellung bis zu zehn Atemzüge lang halten. Auf der anderen Seite wiederholen.

Den Abstand zwischen den Füßen eventuell vergrößern, um eine gerade Linie vom linken Fuß zur linken Hand herzustellen.

Trikonasana
DREIECK

Diese Asana stärkt Beine und Knöchel, öffnet die Hüften und sorgt für eine kräftige Dehnung der Rumpfseiten.

Vom Oberschenkelansatz bis in die Fingerspitzen strecken, dann erst den Arm senken.

TIPP

In diesen gespreizten Positionen die Füße so ausrichten, dass die Ferse des vorderen Fußes auf die Mitte des hinteren Fußes zeigt.

1 Aus der Ausgangsstellung Samasthiti (s. S. 22) die Füße auf doppelte Hüftbreite auseinanderbringen. Vom Oberschenkelansatz aus den linken Fuß um 15 Grad einwärts und den rechten Fuß um 90 Grad auswärts drehen. Die Knie zeigen in dieselbe Richtung wie die Zehen. Hände auf die Hüften legen und prüfen, ob die Hüften auf derselben Höhe sind.

2 Die Arme seitlich ausstrecken. Ausatmen und vom rechten Oberschenkelansatz aus nach vorn beugen; Rumpf und rechten Arm nach rechts strecken. Spüren Sie die rechte Seite des Rumpfes länger werden; dann die rechte Hand auf dem Oberschenkel oder Schienbein ablegen. Den linken Arm im selben Bogen wie den rechten Arm nach oben bringen.

3 Den Nacken lang lassen und nach vorn sehen oder das Kinn leicht senken, den Kopf drehen und den linken Daumen fixieren.

4 Hüftknochen, Damm, Schultern und Hände sollten mit den Füßen auf einer Linie sein. Falls die Hüften hinter und die Schultern vor dieser Linie stehen, die Stützhand höher am Bein aufsetzen. Diese Stellung fünf bis zehn Atemzüge lang halten und auf der linken Seite wiederholen.

Virabhadrasana 1
HELD I

Diese Stellung, benannt nach dem Helden Virabhadra aus der hinduistischen Mythologie, bringt Kraft aus der Basis in die erhobene Brust und die aufwärts gerichteten Arme.

1 Die Beine auf etwa doppelte Schulterbreite spreizen. Vom Oberschenkelansatz aus das linke Bein und den linken Fuß um 45–60 Grad einwärts drehen. Das rechte Bein und den rechten Fuß um 90 Grad auswärts drehen und den Oberkörper über dem rechten Bein gerade ausrichten. Die linke Hüfte bleibt dabei meist weiter hinten als die rechte; in diesem Fall die linke Hüfte entspannen und nach vorn schieben, bis beide Hüften auf gleicher Höhe sind. Das rechte Knie im 90-Grad-Winkel beugen. (Falls erforderlich, die Beine dazu weiter spreizen.) Beim Beugen des vorderen Knies knickt meist auch das hintere mit ein; halten Sie es gerade, indem Sie die hintere Ferse nach unten schieben.

TIPP

Die Hüften lassen sich leichter auf eine Höhe bringen, indem der hintere Fuß einwärts gedreht wird, bis er fast parallel zum vorderen Fuß steht.

2 Die Arme seitlich ausstrecken, die Handflächen nach oben drehen und über dem Kopf aneinanderlegen. Den Körper nach oben strecken und die Schultern heben. Nach oben sehen und die Daumen fixieren. Das Brustbein vom Schambein weg nach oben heben und tief ein- und ausatmen. Nach zehn Atemzügen während des Einatmens nach oben aus der Stellung herausgehen. In der Samasthitiposition wieder zentrieren oder die Übung auf der linken Seite wiederholen.

Prasarita padottanasana
WEITE GRÄTSCHE

Der Ausgangspunkt bei dieser fließenden Drehübung ist die Atmung. Der Atem sollte nicht der Bewegung angepasst werden, sondern die Bewegung dem Atem folgen.

YOGISCHE WEISHEIT

Es gibt zwei Arten von Yogapositionen – bewusste und unbewusste. Das bewusste Arbeiten wird Ihre Praxis stetig vertiefen.

1 Mit weit gespreizten Beinen hinstellen. Ausatmen und nach vorn beugen. Die linke Handfläche mit gestrecktem Arm direkt unter dem Brustbein auf den Boden legen.

2 Mit langem Einatmen die rechte Hand im Bogen nach außen und oben führen, bis sie mit dem linken Arm in einer Linie steht, dabei mit den Augen dem Daumen folgen. Die Bewegung so ausführen, dass das Einatmen dann beendet ist, wenn die Hand die oberste Position erreicht.

3 Nach kurzem Innehalten mit der natürlichen Ausatmung die Hand wie einen Windmühlenflügel so nach außen und unten führen, dass sie mit dem Ende der Ausatmung den Boden erreicht. Nun die Arme wechseln: Beim Einatmen die linke Hand nach außen und oben führen und beim Ausatmen langsam wieder nach unten, dabei auf einen gleichmäßigen Atemfluss achten. Sechsmal wiederholen.

Die Konzentration durch Fixieren des Daumens mit den Augen verstärken.

An der Oberschenkelinnenseite sollte eine Dehnung zu spüren sein.

4 Im letzten Durchgang den oberen Arm ausgestreckt lassen und der Dehnung der Oberschenkel-Innenseiten nachspüren. Den Oberkörper aus der Hüfte heraus noch etwas mehr eindrehen, die Bogenbewegung des Arms noch ein Stück weiterführen und die Position fünf Atemzüge lang halten.

5 Falls erforderlich aufrichten und ausruhen, dann wieder mit gespreizten Beinen hinstellen. Beide Handflächen schulterbreit auseinander auf den Boden legen und mit ihrer Hilfe den Körper in die Position Prasarita Padottanasana ziehen. Die Ellbogen beugen und mit den Händen zwischen den Beinen nach hinten laufen, diese Stellung fünf bis zehn Atemzüge lang halten. Mit dem Einatmen aufrichten.

Uttanasana

INTENSIVE VORBEUGE

Die Übersetzung des Sanskrit-Wortes beschreibt diese Asana. Intensive Vorbeugen können auch passiver, als Ruhestellung, ausgeführt werden als eine Lektion im Loslassen.

1 Die Füße hüftbreit aufstellen. Die Hände auf die Hüften legen und beim Einatmen die Ellbogen hinter dem Körper näher zusammenschieben. Die Brust weiten, bis sich das Gefühl einstellt, dass das Brustbein sich nach oben, vom Schambein weg, bewegt. Ausatmen und den Oberkörper über die Hüften zu den Beinen beugen. Bei fester Muskulatur im hinteren Oberschenkel die Knie leicht beugen, damit die Hüften ihre Funktion als Scharnier übernehmen können.

TIPP

Fußspannung in den Standpositionen hilft gegen Plattfüße. Die Innenseite der Ferse und den großen Zehballen im Boden verankern und das Fußgewölbe wie einen Regenbogen anheben, ohne den Knöchel nach außen zu kippen.

2 Ausatmen und so weit wie möglich nach vorn beugen. Mit gebeugten oder durchgedrückten Knien Position halten. Beim Greifen die Ellbogen leicht nach außen beugen. In dieser Position hängen die Schultern schnell; in diesem Fall die Schulterblätter in Richtung Hüften schieben, damit der obere Rücken gerade bleibt.

3 Waden oder Fußknöchel umgreifen oder die großen Zehen mit einem Finger umschließen. Die Arme strecken, nach oben sehen und über mehrere Einatmungen hinweg die Entfernung zwischen Schambein und Halsansatz vergrößern.

4 Falls die Knie gebeugt sind, mit jeder Ausatmung die Beine mehr strecken. Sind die Beine gestreckt, die vorderen Oberschenkelmuskeln anspannen und die Hüften nach vorn drücken – mit dem Ziel, die Hüftgelenke direkt über die Knöchel zu bringen. Um die Stellung zu intensivieren, die Sitzhöcker zum Himmel heben und die Rückseite der Taille strecken.

5 Uttanasana kann auch als Ruheposition in einer Übungseinheit ausgeführt werden: Die Knie leicht beugen und den Oberkörper nach vorn senken. Die Brust befindet sich nun näher an den Oberschenkeln und der Rumpf fühlt sich an wie an den Hüften aufgehängt. Nehmen Sie sich genügend Zeit, um das Loslassen im Oberkörper zu spüren. Den Nacken entspannen, bis er sich lang anfühlt und der Scheitelpunkt des Kopfes sich möglichst nah über dem Boden befindet. Die Arme hängen passiv herab, die Finger sind natürlich gebeugt, die Wirbelsäule wird durch das Loslassen immer länger. Zum Aufrichten die Beugung der Knie verstärken und die Wirbelsäule über mehrere Atemzüge hinweg aufrollen.

Parsvottanasana
INTENSIVE FLANKENSTRECKUNG

Diese Haltung dehnt nicht nur Beine und Brustkorb, sondern den ganzen Körper.

1 Aus der Ausgangsstellung Samasthiti (s. S. 22) die Beine auf doppelte Schulterbreite spreizen. Das linke Knie und den linken Fuß um 60 Grad einwärts drehen. Oberschenkel, Knie und Fuß des rechten Beins um 90 Grad auswärts drehen. Die linke Leiste öffnen, bis der Oberkörper sich gerade über dem rechten Bein ausrichten lässt. So kann die linke Hüfte nach vorn kommen, bis sie in einer Linie mit der rechten steht, und das Brustbein lässt sich besser in eine Linie mit der Innenseite des rechten Oberschenkels bringen.

TIPP

Für das Gleichgewicht den vorderen großen Zeh und die hintere Ferse mental am Boden verankern.

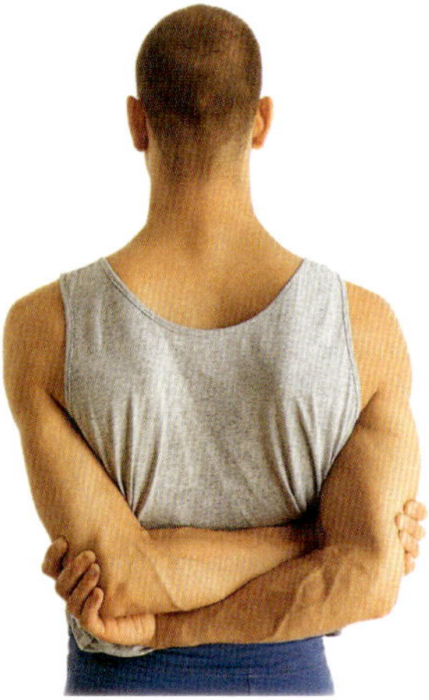

2 Die Handrücken zwischen den Schulterblättern so hoch wie möglich ziehen. Schultern und Ellbogen nach hinten rollen und die Handflächen in Gebetshaltung aneinanderdrücken. Wenn die Schultern verhärtet sind, die Handgelenke oder Oberarme hinter dem Rücken festhalten. Zur Vorbereitung der Vorbeuge einatmen, das Kinn heben und nach oben sehen.

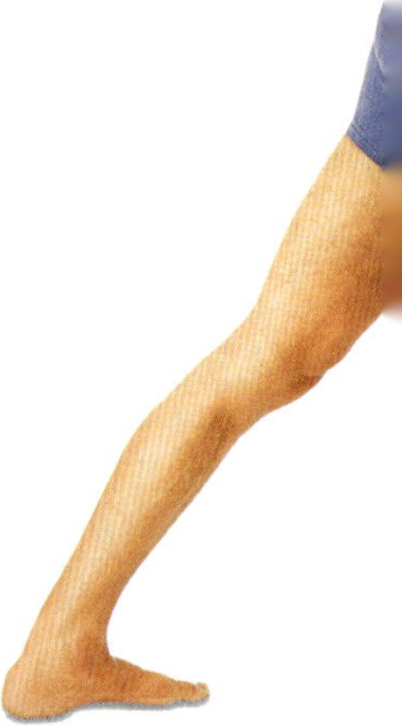

3 Ausatmen und den Rumpf nach vorn strecken, dann langsam über den rechten Oberschenkel nach unten bringen. In der Endstellung darauf achten, dass die Knie gerade bleiben. Die Stellung fünf bis zehn Atemzüge lang halten, dann auf der anderen Seite wiederholen.

4 Solange sich die Beweglichkeit in dieser Position noch entwickeln muss, hält das Üben an einem Stuhl den Rücken gerade und die Brust offen.

Garudasana
ADLER

Erdung und Konzentration sind wichtig bei Gleichgewichtsübungen dieser Art.

1 Aus der Ausgangsstellung Samasthiti (s. S. 22) einen Punkt in Augenhöhe fixieren. Auf die Verbindung zwischen Fußsohlen und Erde konzentrieren. Die Aufmerksamkeit auf den rechten Fuß lenken und das linke Bein beugen. Das rechte Standbein kräftig beugen und den Schwung nutzen, um das rechte Bein um das linke zu schlingen.

TIPP

Ein wandernder Blick lenkt die Aufmerksamkeit ab. Den Blick in allen Stellungen gerade nach vorn ausrichten.

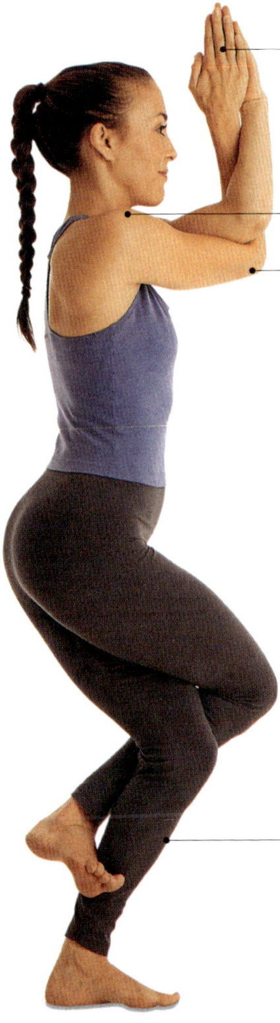

Die Fingerspitzen beider Hände möglichst genau aneinanderlegen.

Schultern nicht rund machen.

Ellbogen von der Brust heben.

2 Die Arme umeinanderschlingen: Den linken über den rechten Ellbogen kreuzen und die Handflächen aneinanderlegen. Die Finger der rechten Hand sollten flach an denen der linken liegen. Ellbogen auf Schulterhöhe heben für eine tiefere Brustatmung. Wenn diese Position leichtfällt, die Schultern nach hinten und unten rollen. Um die Schultern weiter zu dehnen, die Unterarme so nach vorn schieben, dass die Daumen sich von der Nase entfernen. Die Stellung zehn Atemzüge lang halten, dann Arme und Beine lösen, erneut erden und die Übung auf der anderen Seite wiederholen.

Eine starke Beugung des Standbeins erleichtert das Umeinanderschlingen der Beine.

Rückbeugen

Rückbeugen dehnen den Bauchbereich und verbessern die Blutversorgung von Nieren, Bauchspeicheldrüse und Fortpflanzungsorganen. Indem sie den Solarplexus öffnen und den sogenannten Sonnennerv stimulieren, der physiologisch mit dem Sympathikus in Verbindung steht, wirken sie überaus belebend. Rückbeugen fördern Willenskraft und Entschlossenheit und verscheuchen Trägheit und Faulheit.

Rückbeugen erfrischen den ganzen Körper. In einer starken Rückbeuge scheint es keinen Platz mehr für neue Gedanken zu geben. Es ist schwer, an etwas anderes zu denken; daher eignen sie sich gut, um sich von ablenkenden Gedanken zu befreien. Sie stimulieren die feurigen Verdauungsenergien und wirken wärmend auf den Körper. Wenn Sie in einem kalten Raum einige Rückbeugen ausführen, wird Ihnen bald von innen warm. Rückbeugen öffnen und heben das Herzzentrum in der Brust. Sie schaffen im Körper Raum für die Freude.

Während wir die Vorderseite unseres Körpers genau kennen, sehen wir unsere Rückseite bestenfalls aus zweiter Hand im Spiegel. Da wir von Natur aus die Dinge wichtiger nehmen, die wir sehen, helfen Rückbeugen bei der Ausdehnung der Körperwahrnehmung auf andere Körperteile.

Sich nach hinten zu beugen, ist ein Schritt ins Unbekannte. Während wir uns im Alltag häufig nach vorn beugen, geschieht das nur selten nach hinten. Bezwingen Sie die Angst vor dem Ungewohnten, haben Sie Vertrauen und beugen Sie sich hin zum Unbekannten.

VORBEREITUNGEN FÜR DIE RÜCKBEUGE

Zuerst sollten Sie die einzelnen Bewegungen des Rückwärtsbeugens üben, bevor Sie sie in den Rückbeuge-Asanas aneinanderfügen.

VORSICHT

Vor dem Ausführen von Rückbeugen immer erst mit Standpositionen aufwärmen und anschließend zu Drehungen und Vorbeugen übergehen, um den Rücken zu lösen und den Körper abzukühlen. Bei Bluthochdruck unter Anleitung eines erfahrenen Lehrers üben.

1 Im Fersensitz die Finger hinter dem Kopf verschränken, die Schultern bleiben entspannt. Beim Einatmen die Ellbogen zur Seite und nach hinten öffnen. Den Kopf gut stützen und beim Hochsehen den Nacken lang lassen. Dieses Gefühl des langen Nackens wird in Rückbeugen wie der Kobra (s. S. 48) und der Heuschrecke (s. S. 50) angestrebt.

2 Ausatmen und die Ellbogen vor dem Körper langsam zusammenführen, dabei das Kinn zum Brustbein schieben. Den Kopf nicht mit den Händen herunterdrücken! Zwischen diesen beiden Positionen zehnmal wechseln. Bei jeder Einatmung auf die Beugung des oberen Rückens und Nackens konzentrieren. Spüren Sie, wie Ihre Rippen sich weiten. Lang und langsam ausatmen und den Oberkörper dabei weich werden lassen.

3 Anschließend in den Kniestand hochkommen. Die Finger hinter dem Rücken so verschränken, dass die Knöchel unter den Schulterblättern zu beiden Seiten der Wirbelsäule ruhen. Lassen Sie sich Zeit und verankern Sie sich durch die Knie mental am Boden. Zum Dehnen der Oberschenkel-Vorderseiten das Steißbein unter den Körper schieben und die Leisten öffnen. Beim Einatmen die Finger an den Rücken drücken, die Ellbogen aufeinander zu schieben und den Körper unter Heben des Brustbeins nach hinten beugen. Den langen Nacken aus der ersten Übung beibehalten und nur so weit zurückbeugen, wie es für den Hals noch angenehm ist.

Bei dieser Übung spüren Sie den Rücken länger werden.

4 Die Knöchel seitlich an die Wirbelsäule drücken und spüren, wie die Wirbel sich mit dem Heben der Brust über sie erheben. Auch wenn die Dehnung in der Vorderseite deutlicher zu spüren ist, auch die Rückseite des Körpers so lang wie möglich lassen. Erspüren Sie das Gefühl des langen Rückens, um es in den Rückbeuge-Asanas wiederherstellen zu können.

5 Beim Ausatmen die Schultern nach unten los- und die Ellbogen nach vorn kommen lassen, bis der Körper sich wieder in einer neutralen Position befindet. Die Übung zehnmal wiederholen.

6 Auf das rechte Knie stützen und das linke Bein gebeugt nach vorn stellen. Die Hände auf die Hüften legen, die Daumen zeigen nach hinten und die Finger nach vorn.

7 Stellen Sie sich vor, Ihr Becken sei ein Behälter voller Wasser, den Sie langsam ausgießen wollten: Zuerst das Becken nach vorn kippen und spüren, wie die Finger sich nach unten und die Daumen nach oben bewegen – wie um das Wasser nach vorn auszugießen.

Beim Kippen des Beckens wird eventuell eine Dehnung der tiefen Muskeln spürbar

8 Nun das Becken in die andere Richtung kippen – wie um Wasser hinter den Körper zu gießen. Die Finger heben sich, und die Krümmung des unteren Rückens wird flacher. Diese Bewegung so langsam ausführen, dass eine Dehnung an der Vorderseite des linken Oberschenkels zu spüren ist.

9 Beim Vorwärtskippen einatmen, beim Rückwärtskippen ausatmen und dabei Brust und Schultern gerade halten. Diese Übung sollte anfangs sehr langsam ausgeführt werden, um die beiden Bewegungen zu isolieren.

TIPP

Diese Kippbewegung nach hinten ist eine gute Übung für ungefährliche Rückbeugen. Sie beginnen unten an der Wirbelsäule, nicht im Lendenbereich. Das Steißbein muss sich dabei in Richtung Boden schieben. Die anfängliche Streckung des unteren Rückens zieht die Wirbel auseinander und bereitet sie auf eine lang gestreckte, tiefe Beugung vor.

Wäre das Becken eine Schüssel mit Wasser, würde diese Vorwärtsbewegung das Wasser ausgießen.

Die Finger auf dem Beckenkamm heben sich beim Zurückkippen des Beckens.

Beim Kippen nach hinten wird der untere Rücken gerade.

Bhujangasana
KOBRA

Aus der Position der Kobra lassen sich gut Hindernisse auf dem eigenen Weg angehen.

1 Auf den Bauch legen, die Füße geschlossen, die Stirn auf dem Boden. Die Handflächen so auf den Boden legen, dass die Fingerspitzen mit den Schulterspitzen auf einer Höhe und die Ellbogen in der Luft sind. Die Schultern nach hinten und unten von den Ohren weg in Richtung der Hüften rollen. Die Ellbogen zueinander schieben und den Nacken lang machen.

2 Das Schambein zum Boden schieben und das Becken damit leicht kippen. Durch Strecken der Zehen kann dabei die Rückseite der Taille gedehnt werden.

3 Kopf und Schultern so weit wie möglich nach oben beugen, ohne mehr Gewicht auf die Hände zu geben. Die Position halten und erspüren, welche Rückenmuskeln arbeiten müssen. Jetzt die Hände auf den Boden drücken und weiter nach oben beugen, die Schultern dabei unten und den Nacken lang lassen. Die Ellbogen bleiben stark gebeugt und die Hüften am Boden. Diese Bewegung dreimal wiederholen und jeweils zehn Atemzüge lang halten. Beim tiefen Einatmen werden die Bauchorgane durch das Drücken massiert.

TIPP

Aus der Startposition erst das eine, dann das andere Bein heben und nach hinten strecken. Spüren Sie, wie Ihr unterer Rücken länger wird.

4 Das Brustbein bei jedem Einatmen nach vorn und oben „pumpen", um die Körperinnenseite zu strecken. Schultern und Körperaußenseite bei der Ausatmung senken, damit die Innenseite lang wird.

5 Zwischen den Wiederholungen den Kopf jeweils auf den Händen ausruhen lassen, dabei jedes Mal die Seite wechseln.

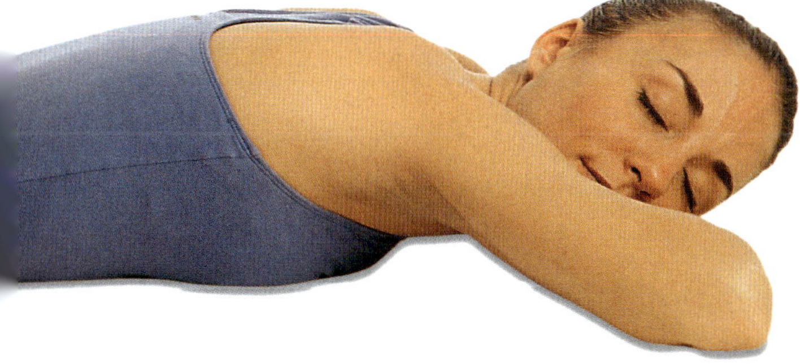

Salabhasana

HEUSCHRECKE

Diese Asana stärkt den Rücken und öffnet die Brust. Am effektivsten wirkt sie, wenn die Fußknöchel aneinanderliegen.

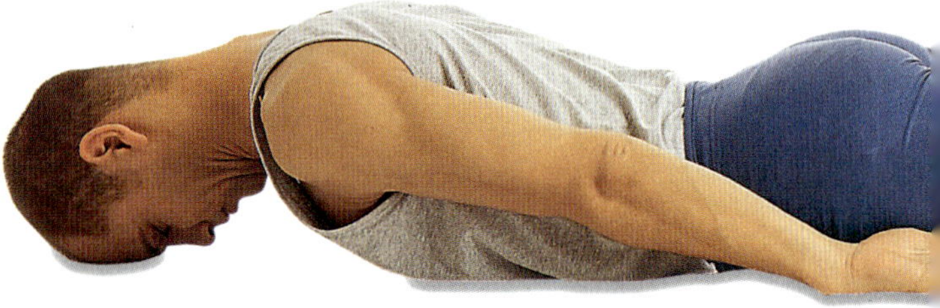

1 Auf den Bauch legen, die Füße geschlossen, die Stirn auf dem Boden, die Arme an den Seiten. Die Zehen aufstellen, die Fersen strecken und die Knie anheben. Die Oberschenkel anspannen und beide Beine gerade halten. Das Steißbein in Richtung Füße schieben und beide Fersen nach hinten strecken, damit der Rücken lang wird.

VORSICHT

Wenn Sie unter Rückenproblemen leiden, die Brust auf dem Boden lassen und die Beine einzeln anheben und nach hinten ausstrecken. Dann die Füße gut am Boden verankern und nur Oberkörper und Arme anheben.

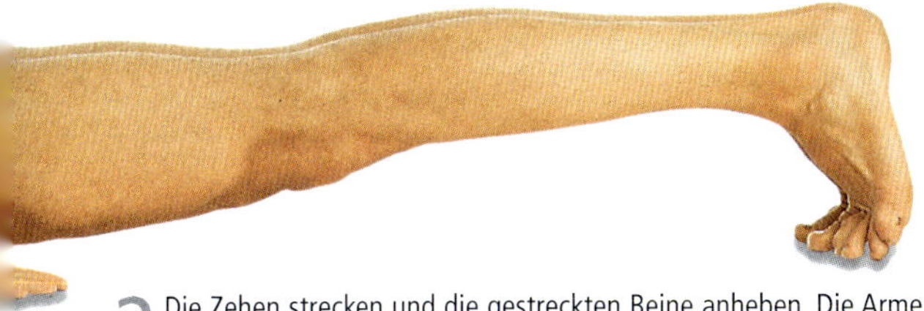

2 Die Zehen strecken und die gestreckten Beine anheben. Die Arme heben und Kopf und Schultern nach oben aufrichten. Scheitelpunkt und Steißbein voneinander wegbewegen. Die Rückbeuge wird verstärkt, wenn die Schultern von den Ohren weggeschoben und die Finger in Richtung Zehen gestreckt werden. Diese Stellung bis zu dreimal jeweils zehn Atemzüge lang halten. Zwischen den einzelnen Durchgängen den Körper entspannen, den Kopf auf die Seite legen und den Atem beobachten, bis er wieder normal geht.

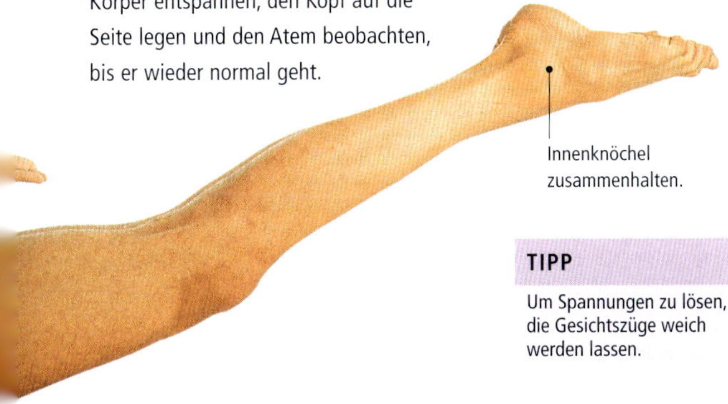

TIPP

Um Spannungen zu lösen, die Gesichtszüge weich werden lassen.

Setu Bandhasana
BRÜCKE

Diese Asana öffnet die Brust und weitet das Herzzentrum.

1 Auf den Rücken legen und die Beine aufstellen. Die Füße 15 cm vom Gesäß entfernt hüftbreit aufstellen.

2 Zunächst das Becken leicht nach oben kippen, bis das Gesäß sich vom Boden löst. Unterer, mittlerer und oberer Rücken sind noch auf dem Boden. Diese Position mehrere Atemzüge lang halten.

TIPP

Die Knie nicht auseinanderfallen lassen – sie hüftbreit voneinander entfernt halten.

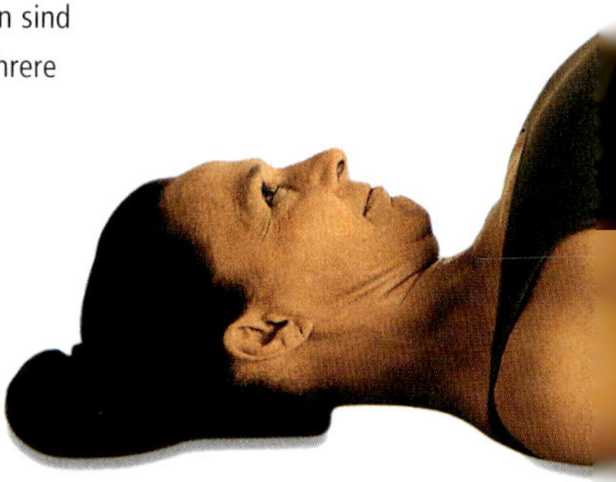

YOGISCHE WEISHEIT

Nähern Sie sich einer neuen Grenze in einer Position stes mit Geduld. Warten Sie, bis Ihr Körper Sie einlässt.

3 Die Knie vom Körper wegschieben und die Hüften langsam weiter anheben. Sind die Hüften in der Luft, die Schultern nacheinander weiter unter den Körper schieben. Die Schulterblätter zusammenschieben und mehr Gewicht auf die Schulterspitzen geben. Wenn Sie die Ellbogen durchdrücken können, die Finger verschränken und nach unten drücken.

4 Eine Brücke spannt sich von einem Ufer zum anderen über den Fluss. Während das Brustbein sich in Richtung Kinn bewegt, schiebt sich das Steißbein zu den Knien hin. Die Position fünf bis zehn Atemzüge lang halten, dann den Rücken ablegen und ausruhen. Zweimal wiederholen.

Matsyasana
FISCH

Matsyansana überstreckt den Hals. Die Asana eignet sich ideal als Gegenbewegung nach Sarvangsasana (s. S. 95) und Halasana (s. S. 99), bei denen der Hals stark gebeugt wird.

1 Auf den Rücken legen und die Hände mit den Handflächen nach unten unter die Oberschenkel schieben. Die Fingerspitzen so weit wie möglich in Richtung Kniekehle strecken.

2 Einatmen und hochkommen, bis das Körpergewicht auf den Ellbogen ruht. Die Schulterblätter zusammenschieben, dann ausatmen und den Scheitelpunkt leicht sinken lassen. Die Brust weit werden lassen und bei jeder Einatmung tiefer atmen. In dieser Position ruhen nur etwa 10 % des Gewichts auf dem Scheitelpunkt, der Rest wird von Ellbogen und Unterkörper gehalten. Die Position fünf bis zehn Atemzüge lang halten.

Den Scheitelpunkt leicht in Richtung Boden sinken lassen.

3 Zum Hochkommen kräftig einatmen, dabei das Gewicht nach vorn auf die Ellbogen verlagern und den Kopf anheben. Das Kinn zur Brust führen und erneut die Rückenlage einnehmen. Den Kopf drehen und abwechselnd ein Ohr zum Boden führen, um den Nacken zu entspannen.

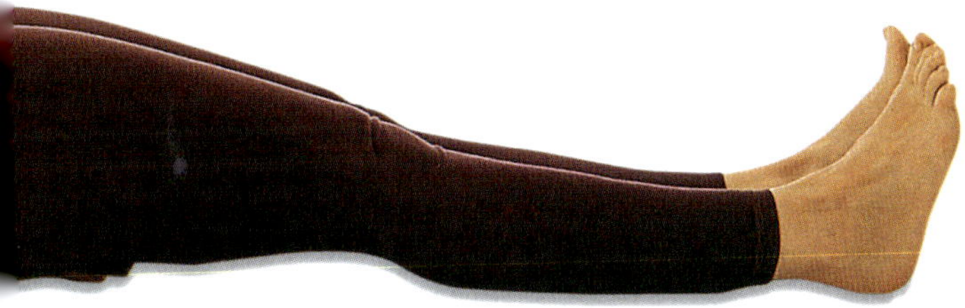

TIPP

Lenken Sie Ihre Aufmerksamkeit auf die Körperrückseite. Spüren Sie, wie die Haut am Rücken bei jeder Rückbeuge dünner wird.

Chakrasana
RAD

Diese anspruchsvolle, aber äußerst energiespendende Asana lädt die inneren Batterien wieder auf.

1 Auf den Rücken legen, die Beine aufgestellt und die Füße 20 cm vom Gesäß entfernt. Die Hände mit den Fingerspitzen in Richtung Hüften an die Schultern legen. Einige Atemzüge lang durch die Fersen am Boden verankern.

Der Scheitelpunkt ruht in dieser Übergangsposition kurz auf dem Boden.

VORSICHT

Diese Asana ist nicht zu empfehlen bei Bandscheibenvorfällen, Eingeweidebrüchen, Herzproblemen, hohem Blutdruck, während Menstruation, Schwangerschaft und nach der Geburt.

2 Die Hüften anheben, dann mit dem Einatmen auf den Scheitelpunkt stellen. Einen Atemzug lang mental darauf vorbereiten, den Körper nach oben zu bringen. Die Handflächen in den Boden stemmen, einatmen und die Arme strecken, bis die Endstellung erreicht ist.

Vor dem Hochstemmen in die Endstellung durch die Füße erden.

3 Beim Hochstemmen drehen sich die Zehen oft nach außen, und die Knie klaffen auseinander. In diesem Fall die Füße wieder parallel stellen und die Knie erneut über den Füßen positionieren.

4 In der klassischen Postion bleiben die Fersen am Boden, zu Anfang aber auf die Zehenspitzen kommen, bis die Arme durchgestreckt werden können. Die Fersen oben lassen, solange der Rücken noch nicht beweglich genug ist, um ein Zusammenstauchen im Rücken zu verhindern. Vor dem inneren Auge einen Kreis aus Energie zwischen Händen und Zehen visualisieren. Das Kreuzbein heben und auf diesem gedachten Rad in Richtung Knie schieben. In die Dehnung an den Oberschenkel-Vorderseiten hineinstrecken und die Leisten weiter öffnen. Die Brust weit werden lassen.

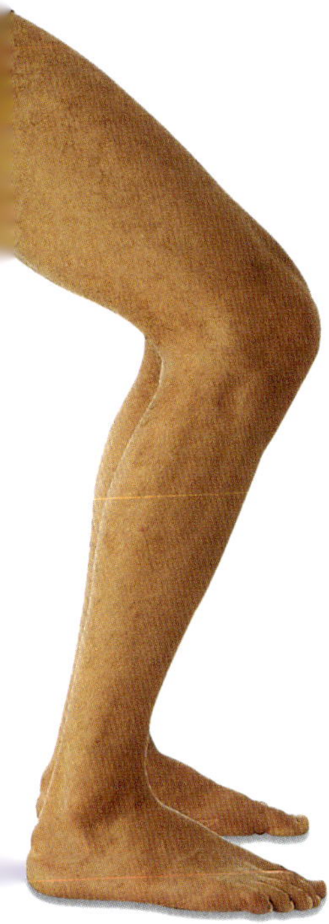

TIPP

In eine Asana hinein- und herauszugehen, ist Teil der Yogapraxis. Nie den Körper zusammensinken lassen, sondern bewusst hinausgehen.

5 Die Stellung fünf bis zehn Atemzüge lang halten. Beim Herunterkommen das Kinn einrollen und den Körper kontrolliert absenken. Spüren Sie den Unterschied in Körper und Geist nach dieser Asana. Zweimal wiederholen – beim dritten Mal ist die Position in der Regel am angenehmsten.

6 Zur Entspannung die Knie an die Brust nehmen, sie mit den Armen umschlingen und langsam von einer Seite auf die andere rollen. Je langsamer die Bewegung, desto angenehmer ist die Massage.

4 Vorbeugen und Sitzhaltungen

Nach der Rückbeuge sollten Sie die Gegenbewegung ausführen, um die gesamte Körperrückseite zu dehnen und die Wirbelsäule zu beleben.

Vorbeugen unterstützen die Verdauung und das Wohlbefinden, indem sie die Bauchorgane mit Blut versorgen. Das Vorwärtsbeugen stimuliert das Nervensystem im Becken.

Während das Rückwärtsbeugen die Aufmerksamkeit erhöht, fördert das Vorwärtsbeugen die Innenschau und hilft dabei, den Geist zur Ruhe kommen zu lassen. Auf diese Weise sich selbst zuzuwenden schafft einen Zugang zum unmittelbaren Selbst und schärft die Eigenwahrnehmung. Weil sie einem Zusammenrollen ähneln, fühlen sich Vorbeugen sicher und kräftigend an. Bei allen Positionen im Sitzen lässt sich zudem aus der Verbindung zur Erde neue Kraft beziehen.

Üben Sie Vorbeugen, wenn Sie müde sind oder einen schweren Tag hatten. Noch erholsamer werden sie, wenn Sie Kissen oder Polster bereitlegen und in der Vorbeuge Ihre Stirn darauf betten. So kann der Stirnlappen des Gehirns zur Ruhe kommen; diese Position wirkt beruhigend und hilft Ihnen, sich wieder zu zentrieren.

Wer einen Bandscheibenvorfall hatte, muss den Rücken leicht konkav halten. Unter Anleitung eines erfahrenen Yogalehrers kann eine angepasste Sequenz von Vorbeugen aufgebaut werden. Bei schweren Depressionen sollten Vorbeugen vermieden werden.

DIE ROLLE DER HÜFTEN BEI DER VORBEUGE

Um in der Vorbeuge eine korrekte Ausrichtung zu erreichen, sollte die Hüftbewegung isoliert werden.

1 Auf einen Stuhl setzen und die Hände, mit den Fingern nach vorn ausgerichtet, auf die Hüftknochen legen. Das Becken so nach hinten kippen, dass die Daumen sich nach unten und die Finger nach oben bewegen. Im unteren Rücken ist bei dieser Kippbewegung eine Streckung zu spüren.

2 Das Becken so nach vorn kippen, dass die Finger sich nach vorn und unten bewegen. Die Bewegung kommt aus dem Hüftgelenk. Die Oberschenkelknochen bleiben unbewegt, die Hüftpfanne dreht sich um den Oberschenkelkopf. Die Hüften langsam nach hinten und vorn kippen. Es kann eine Weile dauern, bis die richtige Bewegung sich einstellt. Bei der Vorbeuge ist es von Bedeutung, die Dehnung auf die Oberschenkel-Rückseite zu verlagern und den unteren Rücken nicht zu überstrecken.

3 Wenn diese Hüftbewegung Schwierigkeiten bereitet, wird oft fälschlicherweise der Oberkörper so nach vorn und nach hinten gebeugt, dass die freien Rippen hervorstehen. Bei der korrekten Bewegung bleibt die Wirbelsäule relativ aufrecht, und Brust und Schultern bewegen sich nur leicht.

4 Sobald sich das richtige Gefühl eingestellt hat, sollte die Bewegung verfeinert werden. In einer Sitzhöhe von 20 cm über dem Boden (auf einem Hocker oder festen Kissen) die Hüften nach hinten und nach vorn kippen, dabei das Becken um die Oberschenkelköpfe drehen. Beim Vorwärtskippen wird die Falte zwischen Oberschenkel und Unterleib tiefer.

Häufiger Fehler: Pendeln mit dem Oberkörper nach vorn und hinten.

5 Dritte Stufe: Auf den Boden setzen und dieselbe Bewegung üben. Wenn sie aus dieser niedrigen Position nicht möglich ist, die Knie beugen. Es hilft, die Sitzhöcker auf dem Boden zu spüren; dazu das Gesäß mit den Händen nach hinten außen schieben.

6 Wenn sich die Hüften wie eingefroren anfühlen, könnte das auf eine verhärtete Oberschenkelmuskulatur hindeuten. Falls das Becken im aufrechten Sitz nach hinten kippt und die Bauchmuskeln arbeiten müssen, um die aufrechte Position zu halten, sollte die Anfangsstellung verändert werden: Den Sitz mit einem Kissen erhöhen und gegebenenfalls die Knie beugen.

7 Ein häufiger Fehler bei der vollständigen Vorbeuge besteht darin, den Rücken rund und die Schultern krumm zu machen, um den Kopf möglichst weit nach unten zu bringen. Vorbeugen kommen aus der Hüfte, die dabei wie ein einfaches Scharniergelenk funktioniert.

8 In der Vorbeuge über die Hüfte den Rücken gerade halten, sodass der Bauchnabel die Oberschenkel eher berührt als die Brust die Knie. Erst dann die Nase auf die Schienbeine legen. Rufen Sie sich diese Regel bei jeder Vorwärtsbeuge ins Gedächtnis und denken Sie eher an ein Zusammenfalten als an ein Beugen.

Adho Mukha Svanasana
ABWÄRTS GERICHTETER HUND

Eine ausgezeichnete Asana zum Dehnen und Stärken des ganzen Körpers. Auch wenn es sich zunächst wahrscheinlich nicht so anfühlt, kann sie mit zunehmender Übung sehr erholsam sein.

1 Im Vierfüßlerstand beginnen, Knie und Füße hüftbreit auseinander. Mit den Händen 15 cm nach vorn wandern, bis sie vor den Schultern stehen. Zum Schutz der Handgelenke die Mittelfinger gerade nach vorn ausrichten. Spüren Sie , wie die Hände in Richtung Boden drücken und wie das Körpergewicht auf den Handflächen ruht. Das Gewicht sollte von der Handwurzel bis zu den Fingerspitzen gleichmäßig verteilt sein.

Tipp

Nutzen Sie diese Übung als Verbindung zwischen anderen Asanas in Ihrer Übungseinheit.

2 Die Zehen aufstellen und die Hüften heben, bis der Körper ein V bildet. Das rechte Knie beugen und beim Ausatmen die linke Ferse in Richtung Boden schieben. Seite wechseln und die Muskeln an der Rückseite des rechten Beins loslassen. Im Atemrhythmus durch diese Vor- und-Zurück-Bewegung die hintere Oberschenkelmuskulatur aufwärmen.

3 Für die Endstellung beim Einatmen so auf die Zehenspitzen stellen, dass die Hüften sich hoch in die Luft strecken. Beim Ausatmen die Fersen in Richtung Boden schieben und dabei die Hüften so hoch wie möglich halten, bis die Beine länger zu werden scheinen.

Blick konstant zwischen den großen Zehen lassen.

Innenferse so nach außen drücken, dass die Außenkanten der Füße parallel stehen.

Ballen von Daumen und Zeigefinger nach unten drücken.

4 Durch Auswärtsrollen der Oberarme die Schulterblätter auseinanderziehen. Der Oberkörper sollte von den Handgelenken bis zum Gesäß eine gerade Linie bilden. Die Ballen von Daumen und Zeigefingern erden, damit der Druck gleichmäßig auf die Handflächen verteilt bleibt. In dieser umgekehrten Stellung hängt die Wirbelsäule von den Hüften herab. Spüren Sie, wie die Wirbelsäule länger wird, indem Sie sie loslassen und nicht aktiv strecken. Diese Position des abwärts gerichteten Hundes fünf bis 15 gleichmäßige Atemzüge lang halten.

5 Zum Ausruhen die großen Zehen bei weit auseinander stehenden Knien zusammenbringen und die Hüfte auf den Fersen ablegen, bis der Atem wieder regelmäßig geht.

Trianga Mukhaikapada Paschimottanasana
ZANGE MIT ANGEWINKELTEM BEIN

Obwohl sie sich zu Beginn unbequem anfühlen kann, eignet sich diese Asana wegen ihrer besonderen Wirkung auf die Hüften gut als Einführung in die Vorbeugen im Sitzen.

1 Mit gestreckten Beinen auf den Boden setzen. Das rechte Bein so nach hinten anwinkeln, dass die Ferse neben der Hüfte liegt. Zum Anpassen der Position nach links lehnen, mit der rechten Hand den Wadenmuskel nach außen rollen und in Richtung Ferse hinunterstreichen. Dabei tendiert der Körper nach links, daher den rechten Sitzhöcker mental im Boden verankern.

2 Vor der eigentlichen Vorbeuge zunächst aufrecht hinsetzen und den Körper einige Atemzüge lang stetig länger werden lassen. Zum Einnehmen der Endstellung beim Einatmen die Arme über den Kopf heben und beim Ausatmen nach vorn strecken und Wade, Fußknöchel oder Fuß greifen. Einatmen, die Brust heben und nach oben schauen. Ausatmen, die Ellbogen zur Seite beugen und mit geradem Rücken und offener Brust nach vorn beugen. Diese Stellung fünf bis zehn Atemzüge lang halten, dann auf der anderen Seite wiederholen.

3 Legen Sie ein gefaltetes Handtuch unter die Seite des ausgestreckten Beins, um ein Kippen zu vermeiden und die Wirbelsäule gerade zu halten.

TIPP

Bei Vorbeugen das Fußgelenk des geraden Beins gebeugt lassen und die Ferse nach vorn schieben.

Janu Sirsasana
KOPF-KNIE-HALTUNG

Eine schwierige Aufgabe wirkt leichter, wenn man sie zerlegt. Diese Asana eignet sich als Vorbereitung für Paschimottanasana (nächste Seite), wenn die Beine nacheinander gedehnt werden.

1 Mit nach vorn gestreckten Beinen hinsetzen. Das rechte Bein so nach außen beugen, dass die Ferse vor der Leiste und etwa 3 cm neben der Innenseite des linken Oberschenkels liegt. Die Zehen nicht unter den Oberschenkel schieben. Die linke Ferse nach vorn schieben, bis Knie und Zehen gerade nach oben zeigen.

2 Mit einer vorbereitenden Drehung ist diese Stellung einfacher einzunehmen. Dazu den Oberkörper nach links drehen, die linke Hand hinter dem Körper ablegen, die rechte Hand an die Außenseite des linken Knies legen und die Stellung einige Atemzüge lang halten.

VERTIEFEN

Fortgeschrittene können Körperschwankungen so zum Stillstand bringen: Beim Halten einer Position über zehn Atemzüge die ersten drei dazu nutzen, um sie zu korrigieren und zu vertiefen. Anschließend sieben Atemzüge lang stillhalten und sich der Wahrnehmung öffnen. Finden Sie den Ruhepunkt.

3 Die Drehung etwas lösen und das Brustbein über dem linken Oberschenkel ausrichten. Beim Einatmen den Körper strecken. Ausatmen und nach vorn beugen. Die Wade, die Außenseite des Fußes oder aber das linke Handgelenk um den Fuß herum greifen. Mithilfe der Arme den Rumpf tiefer über den rechten Oberschenkel hebeln.

4 Beim Sitzen auf einer gefalteten Decke kann die Vorbeuge noch verstärkt werden. Um bei den Vorbeugen eine korrekte Ausrichtung beizubehalten, können Sie einen Gürtel um Ihren Fuß schlingen.

Paschimottanasana
ZANGE (DEHNUNG NACH WESTEN)

Die Körperrückseite und das äußere Selbst wird als westliche Seite des Körpers bezeichnet. Nutzen Sie die Visualisierung, während Sie den Körper zur Ostseite zusammenklappen.

1 Sitzen Sie still und denken Sie darüber nach, wovon Sie Ihr Leben gern befreien würden. Vielleicht von Aggression, Hass oder Neid? Vielleicht möchten Sie ein gesundheitliches Problem oder Gefühle von Zweifel, Unentschlossenheit oder Trägheit loswerden? Behalten Sie die Eigenschaft, die Sie auswählen, im Kopf und bringen Sie beim Einatmen die Hände vor Ihre Brust.

TIPP

Führen Sie Asanas langsam aus, um sich aller Aktionen, Reaktionen, Absichten und Gedanken bewusst zu werden. Lassen Sie sich Zeit und lauschen Sie auf Rückmeldungen Ihres Körpers.

Beim Ausatmen mit den Händen über die Vorderseite des Körpers streichen.

2 Nun ausatmen und mit den Händen über die gesamte Vorderseite des Körpers streichen und weiter bis über die Füße hinaus. Beim Einatmen die Arme in einem weiten Bogen heben, beim Ausatmen das Unerwünschte aus dem Körper und so aus Ihrem Leben schieben. Diesen Reinigungszyklus sechsmal wiederholen – oder so oft, wie es Ihnen nötig erscheint.

3 Legen Sie eine Pause ein und überlegen Sie, wovon Sie gern mehr in Ihrem Leben hätten. Mehr Mitgefühl, Leidenschaft, Liebe, Freude oder Bescheidenheit im Leben? Sind Sie auf der Suche nach Zufriedenheit, Wahrheit oder Weisheit?

4 Nun den Fluss umkehren. Mit den Händen an den Füßen beginnen und die Handflächen nahe an den Körper ziehen, während Sie die gewünschte Eigenschaft in Ihr Leben hineinfegen. Zurücklehnen, die Arme in die Höhe strecken, ausatmen und nach vorn beugen. Einatmen und wieder nach oben streichen, um die gewünschte Eigenschaft willkommen zu heißen. Sechsmal wiederholen – oder auch öfter, falls gewünscht.

Visualisierung ist ein wichtiger Schritt in dem Prozess, das Leben nach eigenen Wünschen zu gestalten.

5 Nun auf die Endstellung vorbereiten. Füße, Fußknöchel oder Waden fassen. Einatmen und die Brust nach oben heben, bis die Vorderseite des Rumpfes lang wird. Ausatmen und nach vorn strecken. In dieser eingeklappten Stellung drehen Sie dem Unwillkommenen den Rücken zu und nehmen die gewünschte Eigenschaft in Ihre Welt auf. Über 10 bis 15 lange, langsame Atemzüge halten.

Wenn der Brustkorb nicht rund wird, kann sich das Herzzentrum öffnen.

Purvottanasana

SCHIEFE EBENE (DEHNUNG NACH OSTEN)

Dies ist eine Gegenstellung zu Paschimottanasana (vorige Asana) und anderen Vorbeugen.

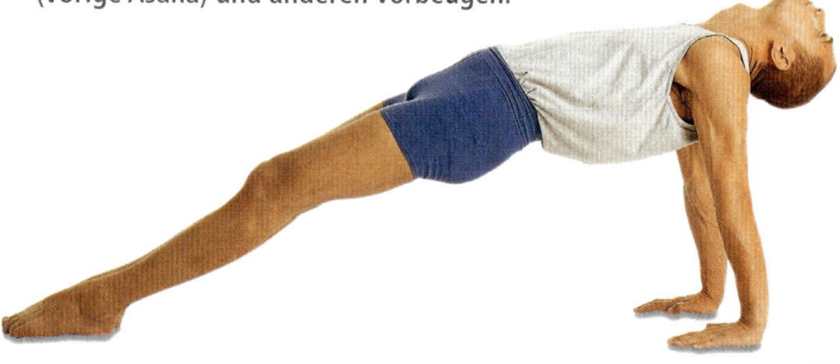

1 Mit ausgestreckten Beinen auf den Boden setzen. Die Hände mit nach vorn ausgerichteten Fingern etwa 15 cm hinter den Hüften auf den Boden stellen. Die Zehen strecken und die Hüften anheben. Die Handflächen in den Boden stemmen, den Brustkorb vollständig dehnen und Nacken und Kopf entspannt nach hinten sinken lassen. Die vorderen Oberschenkelmuskeln angespannt lassen und die Zehen in den Boden stemmen. Diese Position in drei Durchgängen jeweils fünf bis zehn Atemzüge lang halten.

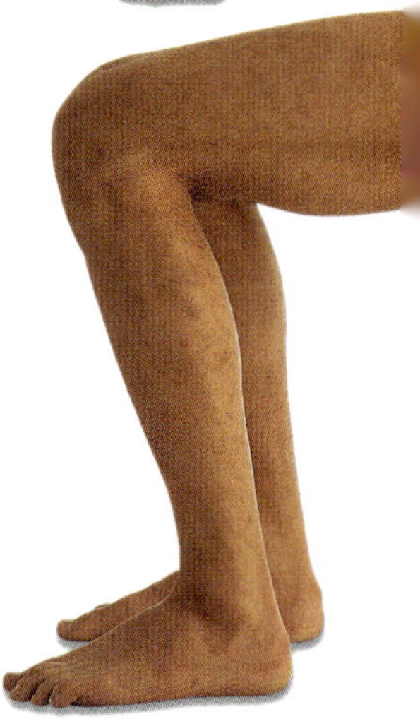

YOGISCHE WEISHEIT

Ahimsa, ist der erste Punkt im ersten Glied (yamas) der Yogalehre, des Achtgliedrigen Pfads. Ahimsa bedeutet Verzicht auf verletzendes Verhalten, auch verbal, anderen gegenüber und Achtsamkeit darauf, sich selbst nicht zu verletzen. Gehen Sie respektvoll mit Ihrem Körper um.

2 Einfachere Variante: Mit gebeugten Knien beginnen, dann Hüften und Brust heben.

Baddha konasana
SCHMETTERLING

Der Schmetterling fördert die Gesundheit des Harn- und Fortpflanzungssystems bei Männern und Frauen. Diese Asana ist besonders hilfreich für Frauen in der Schwangerschaft oder bei Menstruationsstörungen.

1 Auf den Boden setzen und die Fußsohlen aneinanderlegen, die Fersen vor dem Damm. Die Handflächen hinter dem Körper in den Boden stemmen und das Becken nach vorn kippen, dabei die Innenseite der Oberschenkel, Leisten und Hüften öffnen.

2 Die Knie sollen so weit wie möglich in Richtung Boden sinken, aber nicht mit Kraft hinuntergedrückt werden. Sie sinken leichter herab, wenn sie nach außen und hinten geschoben werden, weg vom Ansatz der Oberschenkel-Innenseite.

YOGISCHE WEISHEIT

Die Qualität Ihrer Übung misst sich nicht daran, wie beweglich Sie sind. Beurteilen Sie Ihre Haltung danach, wie gleichmäßig Ihr Atem geht.

TIPP

Versuchen Sie nicht, die Spannung durch Federn der Knie zu lockern. Lernen Sie, die Ausatmung zu nutzen, um angespannte Bereiche zu lösen.

3 Wenn ein bequemer aufrechter Sitz ohne Unterstützung der Hände möglich ist, die Füße festhalten. Sonst die Hände in den Boden stemmen oder auf einer gefalteten Decke sitzen. Mit breiter, offener Brust in die Haltung hineinatmen.

4 Wenn das Becken mühelos nach vorn kippt, die gebeugten Ellbogen hinter die Waden legen, um die Knie nach hinten unten in Richtung Boden zu drücken, und weiter nach vorn beugen. Fünf- bis zehnmal wiederholen und dabei gleichmäßig atmen.

Upavista konasana

WEITE GRÄTSCHE IM SITZEN

Es dauert einige Zeit, bis Bindegewebe und große Muskelgruppen sich nach und nach in diesen Vorbeugen entspannen. Mit genügend Zeit und Geduld können Sie sich jedoch in einer einzigen Sitzung stärker dehnen, als Sie für möglich gehalten hätten.

VORSICHT

Wenn die Spannung zu groß wird oder Schmerzen entstehen, die Drehung etwas lösen.

1 Auf den Boden die Beine im 90-Grad-Winkel grätschen. Kniescheiben und Zehen sollen aufrecht nach oben zeigen. Nach rechts drehen und die linke Hand zur Außenseite des rechten Knies führen. Die rechte Hand gewölbt auf den Boden hinter dem Körper aufsetzen. Diese Drehstellung bereitet auf die Seitenstreckung in der weiten Grätsche vor. Fünfmal langsam ein- und ausatmen. Spüren Sie, wie die Wirbelsäule länger wird und wie bei jedem Ausatmen die Taille durch die Drehung schmaler wird.

2 Langsam aus der Drehung kommen, bis das Brustbein in einer Linie mit dem rechten Oberschenkel steht. Ausatmen und nach vorn strecken, um die rechte Wade oder den rechten Fuß zu greifen. Den linken Sitzhöcker im Boden verankern. Die Zehen anziehen und die Beine durch beide Fersen nach vorn strecken. Fünf bis zehn Atemzüge lang halten.

3 Die Position Upavista Konasana einnehmen. Dazu aufrichten und die Fingerspitzen so in den Boden hinter dem Körper stemmen, dass die Brust sich hebt und das Becken nach vorn kippt. Bei verhärteter Hüftmuskulatur sollte dies beim ersten Mal die Endstellung sein.

4 Einatmen und spüren, wie der Rumpf sich aus dem Becken hebt. Ausatmen und leicht nach vorn beugen, um Waden oder Fußknöchel zu fassen oder jeweils einen Finger um den großen Zeh zu schlingen. Erneut einatmen, leicht aufrichten, den Körper vom Schambein bis zum Hals lang werden lassen und nach vorn unten ausatmen. Nach und nach diese Stellung 20 Atemzüge lang halten.

5 Wenn die Übung auf beiden Seiten durchgeführt wurde, die Hände als Unterstützung unter die Knie legen und die Beine zusammenführen.

Gomukhasana
KUHMAUL

Diese Asana ist von unschätzbarem Wert bei der Entspannung verhärteter Hüft- und Schultermuskulatur. Positionen, die uns am schwierigsten erscheinen, sind oft die, die uns am meisten zu bieten haben.

1 Auf den Boden setzen und die Beine vor dem Körper aufstellen. Mit der rechten Hand unter dem Oberschenkel hindurch das linke Fußgelenk greifen und zur rechten Hüfte ziehen. Nun den rechten Fuß über das linke Bein heben und an der linken Hüfte ablegen. In der Endstellung liegt das rechte Knie genau auf dem linken.

TIPP

Bleibt das obere Knie hoch in der Luft, erhöhen Sie Ihren Sitz mit einer gefalteten Decke.

2 Den linken Arm gerade nach oben strecken. Aus der Schulter drehen und die Handkante nach vorn bringen. Von der linken Hüfte aus bis in die Fingerspitzen strecken, den Ellbogen beugen und den Unterarm hinter den Körper bringen. Denn Ellbogen mit der rechten Hand festhalten und über mehrere Atemzüge hinweg die linke Hand weiter am Rücken hinunterbewegen. Nun den rechten Arm sinken lassen. Aus der Schulter so drehen, dass der Daumen nach hinten zeigt. Arm beugen und hinter dem Rücken die linke Hand greifen. Die Brust öffnen und 10 bis 15 Atemzüge lang aufrecht sitzen. Der Kopf ist gerade.

Die alternative Position in Schritt 4 fällt häufig leichter.

3 Wenn die Schultermuskulatur zu angespannt ist, die Hände mithilfe eines weichen Gürtels aufeinander zu bewegen.

4 Alternativ kann auch das rechte Fußgelenk auf das linke Knie gelegt werden. Das hilft, verhärtete Hüftmuskeln zu lockern.

Navasana
BOOT

Die Stärkung der Bauchmuskeln hilft oft auch gegen Rückenbeschwerden. Arbeiten Sie an Ihrer Kraft, bis Sie Navasana drei Durchgänge lang halten können.

Hauptstellung

YOGISCHE WEISHEIT

Jede Asana sollte ruhig ausgeführt werden und angenehm sein. Ihre Beherrschung misst sich daran, ob der Atem die ganze Übung hindurch gleichmäßig fließt.

1 Im Sitzen nach hinten lehnen, auf die Hände stützen und die Beine ausgestreckt anheben. Brust heben und Kreuz nach oben in Richtung Bauchnabel schieben. Den Rücken nicht rund machen, Brust nicht sinken lassen. Die Hände nach vorn strecken. Auf die großen Zehen blicken und die Stellung fünf gleichmäßige Atemzüge lang halten.

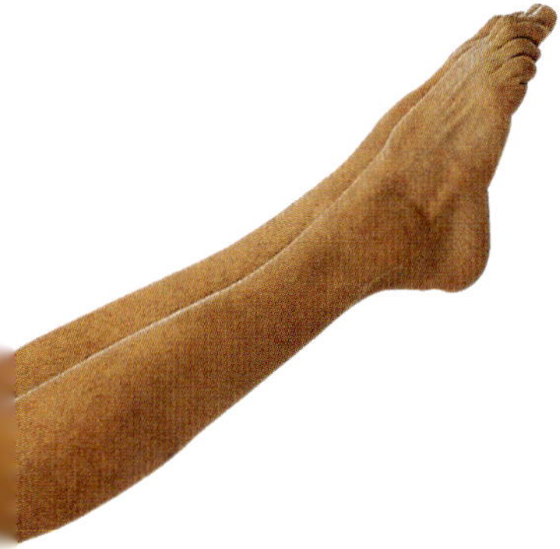

TIPP

Arbeiten Sie sich zur Endstellung vor, indem Sie die Zehen leicht an die Wand lehnen.

2 Eine einfachere Variante besteht darin, die Knie an die Brust zu ziehen und mit den Armen zu umschlingen. Spüren Sie, wie Ihre Bauchmuskeln stärker werden, wenn Sie die Brust heben.

Leichtere Variante

Bhujapidasana

ARM-DRUCK-HALTUNG

Für diese Gleichgewichtsübung brauchen Sie keine übermäßige Armkraft. Konzentrieren Sie sich stattdessen auf Ihren mentalen Fokus, um den Körper auszubalancieren.

1 Füße hüftbreit auseinander aufstellen und nach vorn beugen. Den rechten Arm durch die Beine nach hinten führen. Die Hand außen neben den rechten Fuß zu Boden führen. Das Knie beugen und den Oberarm so weit wie möglich hinter das Bein führen, bis die Rückseite des Oberschenkels den Oberarm unter der Schulter berührt. Die Hand flach auf dem Boden ablegen, Finger nach vorn ausrichten. Mit der linken Seite ebenso verfahren; um beide Hände auf dem Boden abzulegen, in die Hocke gehen.

TIPP

Für eine Gegendehnung der Handgelenke und Unterarme nach Bhujapidasana oder Adho Mukha Svanasana (s. S. 64) hinknien und die Handrücken vor sich auf den Boden legen. Die Handgelenke zeigen vom Körper weg, die Finger zu den Knien. Nach hinten lehnen.

2 Nach vorn lehnen, die Ellbogen im 90-Grad-Winkel beugen und die Füße zusammenführen. Den Körper über dem Bauch aufrichten, den Kopf heben und nach vorn blicken, dann die Füße in die Luft heben und die Fußgelenke kreuzen. Die Arme strecken und diese Position fünf Atemzüge lang halten. Füße absetzen und beim nächsten Durchgang die Füße andersherum kreuzen.

Drehungen

Stellen Sie sich vor, Sie drücken einen Schwamm aus und tauchen ihn anschließend in frisches Wasser, wo er sich vollsaugen kann. Ähnlich wirken Yoga-Drehungen auf die Bauchorgane. Durch die Drehungen werden die Organe sanft gedrückt, das sauerstoffarme Blut wird herausgespült, und frisches Blut kann eintreten.

Der Druck beim Drehen wirkt außerdem wie eine Organmassage. Auf diese Weise profitieren Nieren, Leber, Milz und Verdauungssystem von Yoga-Drehungen, und auch Rückenbeschwerden werden dadurch häufig gelindert.

Die spiralförmige Drehung hebt nicht nur den Rumpf, sondern bringt auch geistigen Auftrieb mit sich. Drehungen sind nichts anderes als energetische Aufwärtsspiralen; sie erhöhen die Vitalität und bringen neue Energie. Das Drehen lockert die Wirbelsäule – in ihr verlaufen nicht nur wichtige Nerven, auch die feinstofflichen Energien werden über sie aufwärts in höhere Zentren gebracht.

Wenn Sie sich von den Herausforderungen des Lebens wie „überdreht" fühlen, genießen Sie das Lösen beim Herauskommen aus der Drehung. Der Mensch verbringt so viel Zeit damit, etwas zu tun, statt einfach zu sein; beim Ausdrehen bietet sich die Gelegenheit, etwas geschehen zu lassen. „Seien" Sie einfach, während Sie aus der Drehung herauskommen, und lassen Sie unnötige Schichten wegschmelzen, die sich auf Ihrem Körper abgelagert haben.

Frauen mit starker oder schmerzhafter Periode sollten sich mehr auf die Vorbeugen konzentrieren und Drehungen zunächst vorsichtig angehen. Bei Durchfall und schwerer Colitis keine Drehungen ausführen.

Sukhasan-Drehung

DREHUNG IM SCHNEIDERSITZ

Diese Asana sieht einfach aus, kann uns aber viel über das richtige Drehen beibringen.

1 In den Schneidersitz begeben, die linke Hand auf das rechte Knie und die rechte Hand gewölbt auf den Boden hinter den Körper setzen.

2 Die Drehbewegung beginnt an der Basis des Rückens. Lernen Sie, abschnittweise zu arbeiten und die Drehung aus der Wirbelsäule nach oben zu „schrauben".

3 Die Fingerspitzen in den Boden stemmen und den Körper beim Einatmen strecken. Die Drehung beginnt bei der Ausatmung mit dem Verschieben der unteren Bauchmuskeln nach rechts. Beim nächsten Ausatmen die mittleren Bauchmuskeln nach rechts schieben. Bei jedem Einatmen spüren, wie die Wirbelsäule nach oben länger wird, und bei jedem Ausatmen die Drehung verstärken. Die oberen Bauchmuskeln in die Drehung mit einbeziehen.

4 Den Brustkorb nach rechts drehen und die Drehung mit den Armen unterstützen, dabei pro Abschnitt immer mindestens einen Atemzug Zeit lassen. Anschließend beim Ausatmen die Schultern weiterdrehen. Der Kopf bleibt stets nach vorn ausgerichtet, da der Körper so einfacher die maximale Drehung erreicht. Erst zum Schluss den Kopf nach rechts drehen und die Position suchen, die sich im Nacken richtig anfühlt. Diese Stellung fünf bis zehn Atemzüge lang halten und die Energie in einer Spirale nach oben steigen fühlen, dann langsam aus der Drehung lösen.

TIPP

Wenn der Rücken sich entspannt und nach oben länger wird, erscheint die Drehung vielleicht weniger stark; sie ist aber besser als mit einem verkürzten Rücken.

5 Einen Augenblick den Wirkungen der Drehung auf Bauch, Rippen, den Rest des Körpers sowie auf den Geist nachspüren. Zur anderen Seite drehen, dann die Beine andersherum kreuzen und die Übung auf beiden Seiten wiederholen.

6 Die Wirbelsäule bei der Drehung nicht nach hinten beugen und die freien Rippen nicht nach vorn verkanten. Den Rücken gerade halten, damit Kopf und Nacken über dem Becken bleiben. Beide Schultern und beide Ohren befinden sich immer in gleicher Höhe vom Boden.

Marichyasana II

DREHUNG DER WEISEN II

Beim tiefen Einatmen in dieser Position werden die Bauchorgane durch den Druck des Oberschenkels gegen den Bauch sanft massiert.

1 Mit gestreckten Beinen hinsetzen. Das rechte Bein aufstellen, die Ferse nah am Gesäß. Um in die Drehung zu gehen, die rechte Hand in den Boden stemmen, zurücklehnen und die linke Hand nach oben strecken. Einige Atemzüge lang die linke Rumpfseite länger werden lassen.

TIPP

Drehungen drücken einen der Lungenflügel meist etwas zusammen. Spüren Sie, wie der andere Lungenflügel voll ausgelastet wird.

2 Ausatmen, nach vorn lehnen und den linken Ellbogen an die Außenseite des rechten Knies schieben. Falls möglich, den linken Arm so nach vorn schieben, dass der Kontaktpunkt mit dem rechten Knie näher an der Achselhöhle liegt. Die Drehung abschnittweise nach oben verlagern. Die maximale Drehung fünf bis zehn Atemzüge lang halten, langsam aus der Drehung gehen und auf der anderen Seite wiederholen.

3 Für die Endstellung den linken Arm hinter dem rechten Knie nach vorn ausstrecken. Aus der Schulter drehen, bis der Daumen nach unten zeigt, ganz um das Knie führen und hinter dem Rücken die andere Hand greifen. Falls erforderlich, dazu mit beiden Händen einen weichen Gürtel halten.

Jathara parivartanasana
DREHUNG IM LIEGEN

Bei regelmäßiger Übung werden schwache Bauchmuskeln schon in kurzer Zeit deutlich kräftiger.

1 Auf den Rücken legen, die Arme seitlich ausgestreckt, Hände auf Schulterhöhe. Beide Beine in die Luft strecken. Die Hüften kurz anheben und so wieder senken, dass das Gesäß nach links verschoben ist.

2 Die Beine über die Fersen strecken, das linke Bein gerade halten und das rechte nach rechts, mit den Zehen in Richtung Fingerspitzen, ausstrecken. Beim Ausatmen das linke Bein langsam zum rechten führen. Einatmen und das linke Bein wieder in die Vertikale bringen. Beim nächsten Einatmen das rechte Bein folgen lassen. Auf jeder Seite fünf Durchgänge ausführen.

3 Für die Endstellung beim Ausatmen beide Beine gestreckt nach rechts absenken. Falls möglich, die Füße greifen. Beide Fersen (vor allem die obere) vom Körper wegstrecken, dabei die Bauchmuskeln nach links drehen. Die linke Rumpfseite so gut wie möglich auf dem Boden verankern. Den Kopf drehen und zur linken Hand blicken. Diese Stellung fünf Atemzüge lang halten, dann beim Einatmen beide Beine in die Vertikale bringen. Auf jeder Seite fünf Durchgänge ausführen. Wenn die Übung zu schwierig ist, die Knie dabei beugen.

Die obere Ferse strecken, bis sie die untere berührt.

Die obere Hüfte vom Körper wegstrecken und die Beugung in der Taillenseite verringern, um die Drehung zu verstärken.

Auf den Daumen sehen.

Den Arm gut strecken.

TIPP

Sie erholen sich zwischen den Asanas schneller, wenn Sie die Aufmerksamkeit auf die Rückseite des Körpers lenken.

6 Umkehrhaltungen

Wenn Sie sich festgefahren fühlen oder Inspiration benötigen, hilft es oft, die Welt aus einem anderen Blickwinkel zu betrachten. Eine Kopfüber-Position bietet die Gelegenheit, die Dinge aus einem unüblichen Blickwinkel heraus zu überdenken.

In der Umkehrhaltung fließt das Blut leichter in den Oberkörper. Endokrine Drüsen wie die Hypophyse und der Hypothalamus im Gehirn sowie die Schilddrüse und die Nebenschilddrüse im Hals werden durchblutet; daher spielen Umkehrhaltungen eine wichtige Rolle beim Ausgleich des Hormonhaushalts. Dies unterstützt die Gehirnfunktion und bekämpft Müdigkeit und Lethargie.

Das Blut strömt leichter zum Herzen, das mit erhöhter Aktivität reagiert, um das Blut wieder herauszupumpen. Ein kräftiger Blutkreislauf ist für die Gesundheit von zentraler Bedeutung. Ein verbesserter Kreislauf wirkt sich auf viele Beschwerden positiv aus. Auch die Verdauung wird angeregt, wenn das sonst auf dem Darm lastende Gewicht wegfällt.

Umkehrhaltungen haben eine beruhigende Wirkung und lassen Körper und Geist zur Ruhe kommen. Da sie nach den wärmenden Asana-Übungen abkühlend wirken, werden sie in der Regel am Ende einer Übungseinheit ausgeführt. Bei bestimmten Beschwerden sind Umkehrhaltungen jedoch nicht zu empfehlen: Bei hohem Blutdruck, Nackenbeschwerden, Augen-, Ohr- oder Nebenhöhlenproblemen sollten Sie einen Arzt oder erfahrenen Yogalehrer konsultieren. Auch während der Menstruation sind sie nicht anzuraten, da sie den Blutfluss verändern können.

Sarvangasana
SCHULTERSTAND

Der Schulterstand stimuliert den Blutfluss zur Schilddrüse und zur Nebenschilddrüse. Sie können diese Stellung über viele Minuten einnehmen, um ihre tief beruhigende Wirkung zu erleben (beachten Sie jedoch den Vorsichtshinweis auf S. 97).

1 Drei Decken je dreimal falten. Die Decken exakt übereinander stapeln und so darauf legen, dass der Kopf auf dem Boden liegt und die Schultern auf den Decken (etwa 5 cm vom Rand entfernt).

2 Mit möglichst wenig Schwung und möglichst großem Einsatz der Bauchmuskeln Beine und Hüften in die Luft heben. Den Rücken mit den Händen abstützen. Die Stellung durch Zusammenschieben der Schulterblätter so anpassen, dass mehr Gewicht auf dem oberen Teil der Schultern lastet und der Körper nach oben gestreckt werden kann. Die Ellbogen enger zusammenschieben. Die Beine nach oben strecken.

3 Den Nacken gerade halten, niemals von einer Seite zur anderen drehen! Der Schulterstand heißt aus gutem Grund nicht „Nackenstand"! Obwohl es aussehen mag, als ruhe viel Gewicht auf dem Nacken, müssen die Nackenmuskeln relativ weich bleiben. Falls möglich, bitten Sie einen Freund / eine Freundin zu überprüfen, ob die seitlichen Halsmuskeln angespannt sind. Ein gerötetes oder angespanntes Gesicht zeigt, dass Sie aus der Stellung herausgehen und sich ausruhen sollten. Erst eine, nach und nach bis zu zehn Minuten in der Endstellung bleiben.

4 Um aus der Stellung herauszugehen, in den Hüften einknicken und die Füße über dem Kopf leicht absenken. Die Hände vom Rücken nehmen und die Beine kontrolliert senken. In Rückenlage den Kopf einige Male nach rechts und links drehen, um den Nacken zu entspannen. Die Decken entfernen, die Knie an den Körper ziehen, die Arme darumschlingen und langsam von einer Seite auf die andere schaukeln. Still liegen und den Wirkungen der Position auf den Körper nachspüren. Matsyasana (s. S. 54), eine Drehung und eine Vorwärtsbeuge sind nach Sarvangasana angenehm.

SCHULTERSTAND GEGEN DIE WAND

Bei Schwierigkeiten, in den Schulterstand zu kommen, bietet diese Variante dieselben positiven Wirkungen.

1 Drei je dreimal gefaltete Decken etwa 20–30 cm von der Wand entfernt auf den Boden legen. Vor den Stapel setzen, die Körperseite und eine Hüfte berühren die Wand. Mit den Händen abstützen und den Körper drehen, auf die Ellbogen stützen und die Beine an die Wand legen. Den Kopf heben und überprüfen, ob der Körper gerade ist. Beim Hinlegen sollten die Schultern etwa 5 cm von den Rändern der Decken entfernt und der Kopf auf dem Boden liegen.

VORSICHT

Umkehrhaltungen während der Menstruation und bei Ohren- und Augenproblemen wie Netzhautablösung oder Glaukom vermeiden. Bei Herzproblemen, hohem Blutdruck oder Schwangerschaft den Rat eines Experten einholen.

TIPP

Zur Stabilisierung der Position die Haut am Rücken halten, nicht die Kleidung.

2 Die Knie beugen und die Fußsohlen flach an die Wand legen.

3 Die Füße in die Wand stemmen und die Hüften heben. Den Rücken mit den Händen abstützen. Die Leiste öffnen und die Hüfte nach vorn schieben, bis Schultern, Hüfte und Knie eine Linie bilden.

4 Wenn Sie weiter in die Position hineingehen wollen, die Beine strecken und die Füße nacheinander an die Wand lehnen. Wenn Sie sich in dieser Stellung wohlfühlen, die Beine nacheinander von der Wand lösen. Zum Herausgehen aus der Asana die Schritte in umgekehrter Reihenfolge durchführen.

Halasana
PFLUG

Diese umgekehrte Vorbeuge beruhigt die Nerven. Sie hat dieselben Wirkungen und Gegenanzeigen wie Sarvangasana und Schulterstand (s. S. 95).

1 Aus dem Schulterstand die Beine über den Kopf nach hinten senken. Wenn die Zehen den Boden berühren, die Arme auf dem Boden ausstrecken und, wenn möglich, die Finger verschränken. Arme und Beine in entgegengesetzte Richtungen strecken. Wenn die Zehen nicht bis auf den Boden kommen, den Rücken mit den Händen abstützen. Diese Position nach und nach bis zu fünf Minuten halten.

2 Erholsamere Variante: Von den Schulterspitzen leicht wieder zurückrollen, den oberen Rücken weit und weich werden lassen und die Arme passiv hinter dem Kopf auf dem Boden ablegen.

3 Zum Herauskommen aus Halasana langsam abrollen. Beide Beine kontrolliert bis in Rückenlage sinken lassen. Eine Weile ruhen. Als Gegenbewegung zu Halasana kann anschließend Matsyasana (s. S. 54) ausgeführt werden.

7 Entspannung

Die Rolle der Tiefenentspannung bei der heilenden Wirkung des Yoga sollte nicht unterschätzt werden. Es ist keineswegs selbstsüchtig, sich Erholungszeit zuzugestehen. Aus der Entspannung gehen Sie erfrischt und dynamisch in ein wunderbares, positives Leben hinein. So können Sie mehr geben, intensiver leben, mehr lachen und mehr lieben.

Yogapositionen verändern die Lebenskraft (prana), die zum Heilen und zur Neubelebung von Geist und Körper gebraucht wird. In der Entspannung festigt sich das Prana, damit es sich nicht zerstreut und verloren geht. Jede Asanasitzung schließt daher mit der Tiefenentspannung ab. Sie ist der wichtigste Teil der Übungseinheit und sollte nicht ausgelassen werden. Diese Ruhezeit gibt dem Körper Gelegenheit, auch nach innen weiterzuarbeiten.

Für viele gilt sie als die schwierigste Position von allen. Die Entspannung im Yoga ist ein bewusster Prozess, in dem das Lösen von Spannungen erlernt wird. Zunächst wird jeder Teil des Körpers ins Bewusstsein gerufen, entspannt und weiterhin bewusst wahrgenommen. Dafür ist Disziplin nötig.

Die Entspannung ist einfacher, wenn zuvor die maximale Dehnung erreicht wurde. Ballen Sie eine Hand zur Faust und halten Sie sie 10 Sekunden lang geballt. Entspannen Sie die Faust und vergleichen Sie das Gefühl in beiden Händen: Wahrscheinlich spüren Sie mehr in der zuvor geballten Hand. Im Yoga sollten Sie

VISUALISIERUNG

Nutzen Sie die Visualisierung, um Ihren Körper mit positiver Energie anzureichern. Wählen Sie eine Farbe, die Sie mit heilender Energie verbinden. Atmen Sie bei jedem Atemzug dieses farbige Licht in Ihr Zentrum ein. Bei jeder Einatmung wird das Licht heller, während jede Ausatmung seine Konzentration in Ihrem Zentrum verringert, bis es sich schließlich nach außen ausdehnt und den Rest Ihres Körpers füllt. Achten Sie besonders darauf, eventuell schwächere Körperzonen mit dieser positiven Energie zu füllen. Atmen Sie das Licht mit dem ganzen Körper ein, bis es überläuft und um Sie herum fließt.

in jeder Haltung Ihre Grenze suchen, und zwar unter Einsatz von Muskeln und Geist. Dies schafft Raum für eine nachklingende Aufmerksamkeit, nachdem die Spannung gelöst wurde. Es wird einfacher, sich auf einen Bereich zu konzentrieren und dort in die Tiefenentspannung zu gehen. Je stärker Sie Ihre Fähigkeit entwickeln, während der gesamten Übungseinheit mental präsent zu bleiben, desto leichter kommen Sie danach in die Tiefenentspannung.

Die Tiefenentspannung lehrt uns das Loslassen. Hier finden wir Zeit, uns von diesen Bindungen zu lösen. Beobachten Sie Ihre Gedanken; schweifen sie ab, führen Sie sie sanft wieder zurück zu den Empfindungen im Körper und lassen Sie aufgestaute Spannungen los.

Die vollkommene Entspannung stellt sich irgendwann ein – sie erfordert nur etwas Übung.

DIE RICHTIGE POSITION FÜR DIE TIEFENENTSPANNUNG FINDEN

Es ist wichtig, bei der abschließenden Entspannung bequem zu liegen. Durch einige Anpassungen können Sie auf spezielle Bedürfnisse ihres Körpers eingehen.

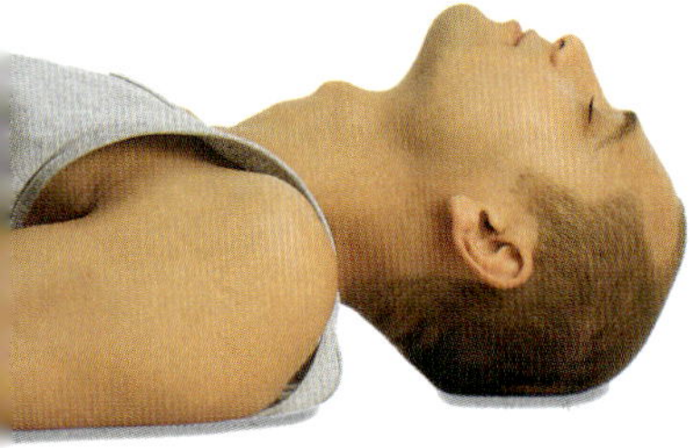

1 Suchen Sie die beste Position für den Kopf; dazu eine zweite Person die Kopfstellung in der Rückenlage beurteilen lassen. Idealerweise sind Kinn und Stirn gleich weit vom Boden entfernt. Liegt das Kinn höher als die Stirn, ist oft der Nacken verkürzt.

2 Kinn und Stirn mit so vielen gefalteten Decken wie nötig auf dieselbe Höhe bringen. In der richtigen Position fühlt die Kehle sich weder straff gespannt noch eingeengt an.

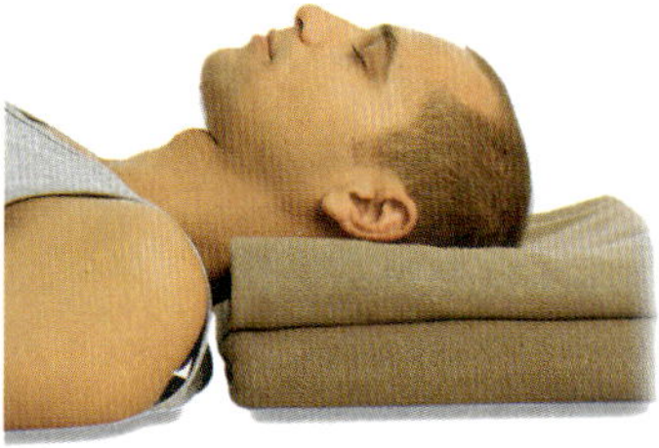

3 Für eine Nackenrolle eine Decke dreimal falten. Eine der kurzen Seiten etwa zur Hälfte aufrollen. Die beiden Ecken des flachen Stücks zu einem Dreieck einschlagen, auf dem der Kopf ruhen kann. Die natürliche Krümmung des Nackens sollte von der festen Rolle an jedem Punkt gestützt werden. Zum Prüfen der Höhe hinlegen und die Rollendicke gegebenenfalls korrigieren. Kinn und Stirn sollten auf einer Höhe über dem Boden sein. Je nach Krümmung des Nackens muss der Kopf eventuell höher oder durch Auffalten des Dreiecks tiefer gelagert werden.

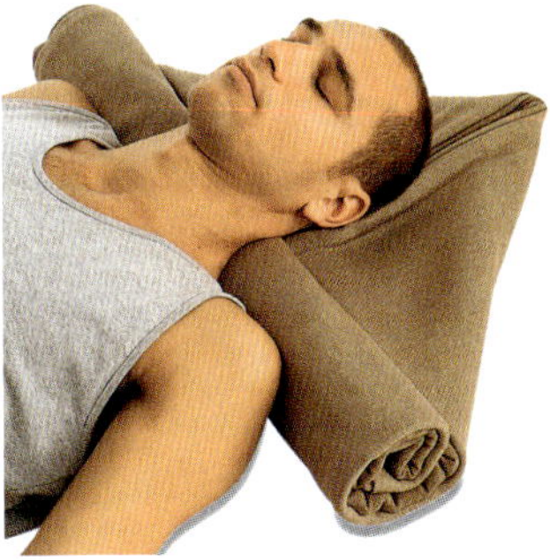

TIPP

Kältegefühl erschwert die Entspannung; der Körper kühlt in der Savasanaposition rasch ab, decken Sie sich daher mit einer Decke zu.

4 In der Rückenlage krümmt sich der untere Rücken vom Boden weg. Bei einer ausgeprägten Krümmung an dieser Stelle oder bei Rückenproblemen ist es möglicherweise angenehmer, die Knie zu beugen. Kissen oder Polster unter den Knien sorgen dafür, dass der untere Rücken näher zum Boden kommt.

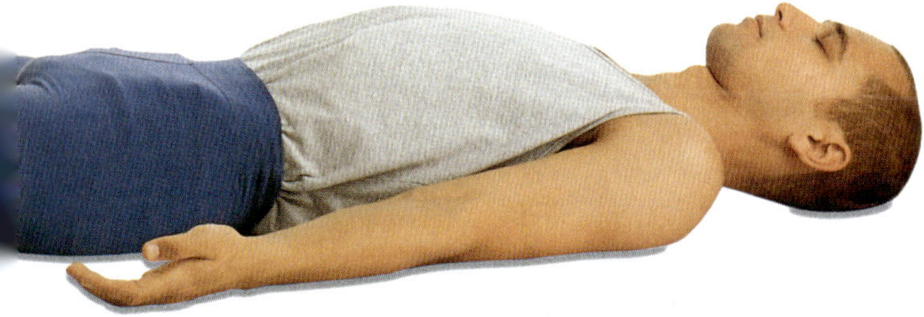

Savasana
TOTENPOSITION

Obwohl diese Stellung einfach aussieht, ist sie eine der am schwierigsten, da der Geist präsent bleiben muss, während der Körper loslässt. Pro 30 Minuten Asanapraxis sollten mindestens fünf Minuten Entspannung eingeplant werden. Bitten Sie einen Freund / eine Freundin, die Anleitung langsam vorzulesen.

YOGISCHE WEISHEIT

Denken Sie daran, dass Yoga nicht nur das Ausführen von Asanas ist; Ihre Yogapraxis muss hier nicht aufhören. Integrieren Sie Yoga in Ihr Leben, indem Sie den Alltag aufmerksam und bewusst angehen.

1 Auf den Rücken legen, die Beine leicht spreizen und die Füße nach außen kippen lassen. Die Hände mit etwas Abstand neben die Hüften legen, die Handflächen nach oben, die Finger leicht gebeugt. Die Symmetrie zwischen der linken und der rechten Seite überprüfen. Die Augen schließen.

2 In den nächsten fünf bis zehn Minuten jeden Körperteil entspannen. Im Geiste den Körper von den Zehen und Fingerspitzen bis zum Scheitelpunkt abtasten. Keine Körperzone auslassen, die Aufmerksamkeit nacheinander auf alle Bereiche lenken und Spannungen lösen.

VERTIEFEN

Eine überbetonte Muskelspannung erhöht die Aufmerksamkeit. Arbeiten Sie sich durch den Körper und spannen Sie jeden Bereich einige Sekunden lang an, um sich hinterher umso tiefer in die Entspannung gleiten zu lassen.

3 Zum Schluss die Aufmerksamkeit auf Gesicht und Kopfhaut lenken. Zum Entspannen des Mundes die Lippen leicht öffnen. Die Zunge vom Gaumen lösen und frei in der Mundhöhle schweben lassen. Spüren Sie, wie die Kiefermuskeln sich entspannen. Wenn die Augen sich entspannen, scheinen die Augäpfel tiefer in die Höhlen zu sinken. Die Gesichtshaut weich werden lassen, bis es sich anfühlt, als glätteten sich alle Falten und verschwänden.

4 Jetzt, da jeder Teil des Körpers entspannt ist, bleiben Sie bis zur vollständigen Entspannung still liegen. Wie bei der Meditation lenkt jede äußere Bewegung Sie von Ihrer inneren Welt ab. Bleiben Sie im Geist wach und beobachten Sie die Empfindungen im Körper. Ihr Körper lässt immer mehr los. Jede Ausatmung bringt eine tiefere Entspannung, der Körper fühlt sich von Mal zu Mal schwerer an, als sänke er in die warme Erde. Jede Einatmung bringt Lebenskraft in alle Zellen des Körpers. Falls Ihr Geist abschweift, bringen Sie ihn sanft zurück zur ruhigen Atmung. Je stärker Sie sich auf diesen Prozess konzentrieren, desto tiefer gehen Sie in die Entspannung.

5 Wenn die Zeit gekommen ist, aus Savasana herauszugehen, atmen Sie tiefer. Jede Einatmung füllt Ihren Körper mit Energie, bis die Augen das natürliche Bedürfnis anmelden, zu blinzeln und sich zu öffnen. Einen Arm über den Kopf heben und auf dieser Seite zusammenrollen. Wenn Sie bereit sind, langsam hochkommen und still sitzen bleiben.

ENTSPANNUNGSPAUSEN

Nutzen Sie die diese Positionen, um sich während einer Übungseinheit oder auch im Alltag zu entspannen. Wenn Sie sie in Ihre Übungseinheit einstreuen, schaffen Sie damit Ruheinseln, in denen Sie auf die Rückmeldungen Ihres Körpers lauschen können.

Balasana – Kindhaltung
Mit geschlossenen Knien auf die Fersen setzen, und den Rumpf auf den Oberschenkeln ablegen. Die Stirn zu Boden führen und die Rückseiten der Arme auf dem Boden ablegen. Die Schultern loslassen, die Augen schließen und dem Atem folgen.

Variation: Die großen Zehen aneinanderlegen, die Knie spreizen und die Arme nach vorn zum Boden strecken. Bei hohem Blutdruck oder wenn das Gesäß nicht bis auf die Fersen hinunterkommt, die Stellung anpassen: Beide Fäuste übereinanderlegen und die Stirn darauf betten.

TIPP

Uttanasana (s. S. 34) und Adho Mukha Svanasana (s. S. 64) helfen beim erneuten Zentrieren.

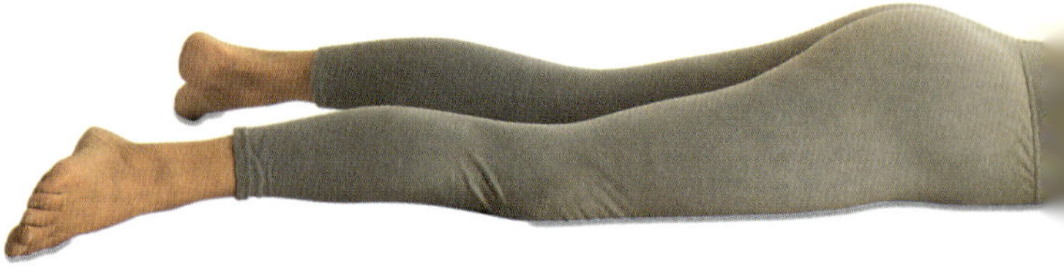

Viparita Karani – Einfache Umkehrhaltung

In dieser Asana wird der normale Blutfluss in den Beinen umgekehrt. Bei Krampfadern sollte diese Übung täglich 15 Minuten lang durchgeführt werden. Sie können sich auch ohne Decken in der Position erholen.

Zwei bis drei Decken je viermal falten und etwa 8 cm vor der Wand auf den Boden legen. Seitlich daraufsetzen, eine Hüfte berührt die Wand. Mit den Händen abstützen, den Körper drehen und hinlegen. Die Beine senkrecht an die Wand legen, das Gesäß möglichst nahe an der Wand. Überprüfen, ob der Rumpf im rechten Winkel zur Wand liegt. Die Arme locker neben die Körperseiten legen, die Handflächen nach oben. Mit geschlossenen Augen still liegen bleiben und den Atemrhythmus beobachten.

Makarasana – Krokodil

Der leichte Druck auf die Stirn entspannt den Stirnlappen des Gehirns, was eine beruhigende Wirkung ausübt.

Auf den Bauch legen, die Füße in bequemem Abstand zueinander. Die Zehen nach außen drehen. Die Ellbogen etwa 15 cm vor den Schultern auf den Boden legen, mit der jeweils anderen Hand umschließen und die Stirn auf die Unterarme legen. Der Nacken ist weich und entspannt. Um die bequemste Position zu finden, die Ellbogen nach vorn oder hinten korrigieren. Konzentrieren Sie sich auf die beruhigende Empfindung, wie mit jedem Atemzug der Bauch sich ausdehnt und gegen den Boden drückt.

Surya Namaskar

SONNENGRUSS

Das fließende Beugen und Strecken beim Sonnengruß ist eine hervorragende Aufwärmübung. Bringen Sie sich mit jeweils einem Atemzug in die einzelnen Stellungen.

1 Die Samasthiti einnehmen (s. S. 22), die Hände in Gebetshaltung aneinandergelegt.

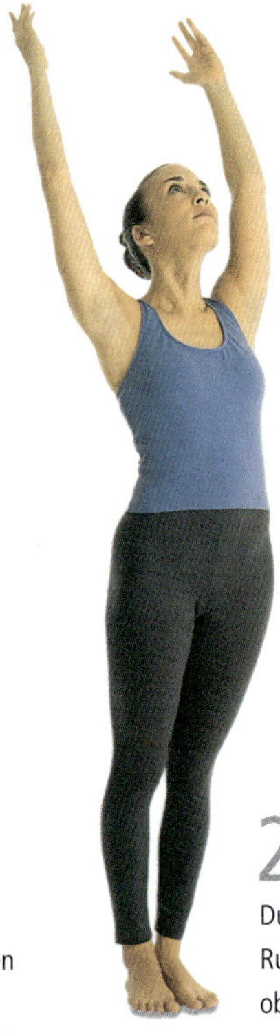

TIPP

Variieren Sie den Sonnengruß, indem Sie jede Postion drei Atemzüge lang halten. So können Sie tiefer in die Position hineinspüren.

2 Einatmen und die Arme über den Kopf heben. Durch die Füße erden, den Rumpf aus den Hüften nach oben schieben und leicht nach hinten beugen.

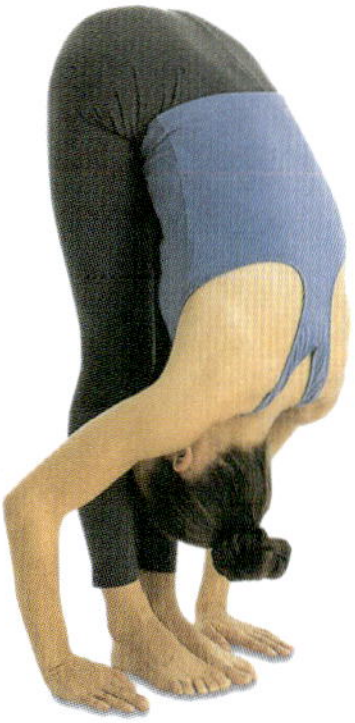

3 Ausatmen und nach vorn in die Uttanasana beugen (s. S. 34). Gegebenenfalls die Knie beugen, um die Fingerspitzen oder sogar die Handflächen zum Boden zu bringen.

4 Einatmen, dabei das rechte Bein nach hinten schieben, das Knie am Boden. Die Fingerspitzen in den Boden stemmen und die Brust vom linken Oberschenkel wegschieben.

5 Ausatmen und das linke Bein so zurücksetzen, dass der Körper von den Fersen bis zum Kopf eine gerade Linie bildet.

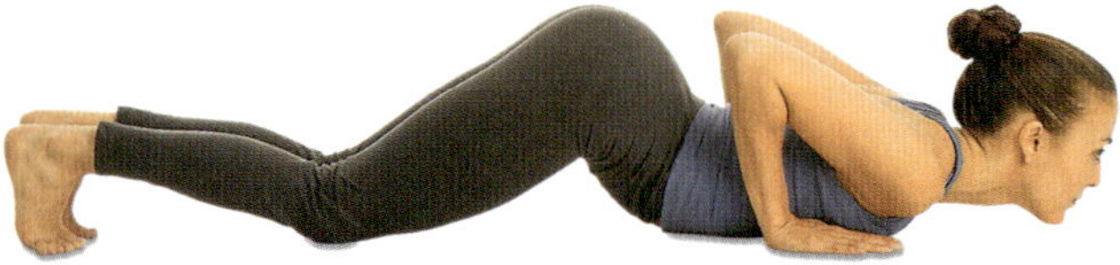

6 Einatmen und die Knie auf dem Boden absetzen. Beim Ausatmen Brust und Kinn auf den Boden senken.

7 Einatmen und in die Kobra gehen (s. S. 48).

8 Ausatmen und in den abwärts gerichteten Hund gehen (s. S. 64).

9 Einatmen und das rechte Bein vor dem Körper aufstellen.

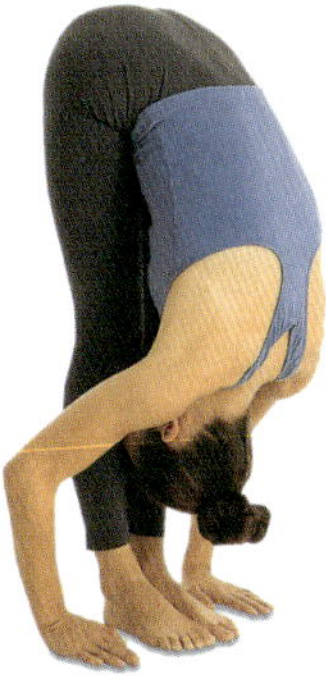

10 Ausatmen, mit dem linken Bein einen Schritt nach vorn machen und in die Uttanasana vorbeugen.

11 Einatmen, vordere Oberschenkelmuskeln und Bauchmuskeln anspannen, aufrichten und die Arme über den Kopf strecken.

12 Beim Ausatmen die Samasthiti (s. S. 22) einnehmen. Einatmen und den Zyklus auf der linken Seite beginnend wiederholen.

Pranayama
ATMUNG IM YOGA

Wenn wir uns lebendig fühlen, meinen wir damit eigentlich, dass wir viel Energie haben. Eine Energiequelle ist die Nahrung, die wir zu uns nehmen. Eine andere sind unsere Vorstellungen. Eine dritte Quelle ist der Atem.

Atem, Leben und Energie hängen zusammen. Yogis haben für alle drei ein einziges Wort: prana. Sie bildet die Aura, die in der Kirlianfotografie sichtbar wird. Die Energiepunkte entlang der Wirbelsäule, die Chakren, stellen Speicherpunkte des Prana dar. Wenn Prana den Körper verlässt, tritt der Tod ein. Bei hohem Prananiveau ist der Körper vollständig mit Energie geladen.

Pranayama lässt sich übersetzen mit „Pranafähigkeit" oder „Steuerung des Prana". Dabei wird der Atem genutzt, um den physischen, mentalen, emotionalen und spirituellen Körper zu beeinflussen.

Die Atmung wird durch das verlängerte Rückenmark gesteuert, den sogenannten primitiven Hirnstamm. Diese Atmung gilt als unwillkürlich, sie geschieht automatisch. Beim bewussten Atmen wird ein weiter entwickelter Teil des Gehirns aktiviert, die Hirnrinde. Pranayama macht aus einem unwillkürlichen einen willkürlicheren Vorgang und wirkt dadurch tief greifend auf physiologischer, psychologischer und spiritueller Ebene.

Bewusstes Atmen und die volle Ausdehnung der Lunge energetisieren. Durch die erhöhte Zufuhr von Sauerstoff in den Geweben werden Zellvorgänge unterstützt, die für Reparaturen und Entgiftung sorgen. Optimal versorgte Zellen bilden im Verbund einen gesunden Körper.

Der Atem ist mit dem Geist verknüpft. Bei Aufregung geht der Atem schnell, flach und unregelmäßig. Wenn der Geist ruhig ist, wird der Atem langsam und tief. Lassen wir den Atem ruhiger werden, beruhigt das auch den Geist.

Bewusstes Atmen schlägt eine Brücke zwischen Nervensystem, Geist und Emotionen. Pranayama sorgt für mehr mentale Energie. Es vertieft die Wahrnehmung und mildert Gefühlsschwankungen. Es verstärkt die Selbstwahrnehmung bis hin zum äußersten Ziel des Yoga – der Selbstverwirklichung. Sensorische Gelüste und Ablenkungen werden reduziert. Die Sinne werden nach innen gelenkt.

Pranayama muss täglich geübt werden, damit sich Wirkung zeigt. Wenn diverse Asanas zu Ihrer Übungseinheit gehören, führen Sie diese aus und anschließend Savasana (s. S. 104). Üben Sie dann Pranayama und erholen Sie sich schließlich zehn Minuten in der Savasana.

Tiefes, bewusstes Atmen belebt Körper und Seele.

BEQUEME POSITION FÜR DAS PRANAYAMA FINDEN

Manche bevorzugen für Pranayama und Meditation bestimmte Positionen . Tatsächlich jedoch ist die beste Position immer die für den Übenden stabilste und bequemste, solange Rücken, Hals und Kopf dabei in einer Linie bleiben. Jede Spannung im Körper überträgt sich negativ auf den Atem, daher ist es wichtig, eine bequeme Stellung zu finden.

Ausnahmslos jeder kann Pranayama üben. Wer körperlich schwach oder krank ist, kann Pranayama im Liegen üben. Noch besser: Die Beine aufstellen und die Knie aneinanderlehnen. Die Füße mehr als hüftbreit auseinander stellen, die Zehen nach innen gedreht. Diese Position ist äußerst bequem und man schläft weniger leicht ein. Wenn Sie spüren, dass Sie eindösen, nehmen Sie die Knie auseinander.

Die klassische Position – Padmasana, der Lotussitz, in der die Beine gekreuzt und beide Füße mit den Fußsohlen nach oben auf die Oberschenkel gelegt werden – empfiehlt sich nur bei äußerst beweglichen Hüften. Wenn die Hüftmuskulatur verhärtet ist, besteht die Gefahr einer Knieverletzung. Wer selten im Schneidersitz sitzt, muss intensiv an der Öffnung der Hüften arbeiten, sonst wird der Lotussitz schnell unbequem. In diesem Buch wird er nicht angewandt.

Sukhasana – Schneidersitz
Auf den Boden setzen, Fußgelenke kreuzen und die Füße so auseinandergleiten lassen, dass jeder Fuß unter dem entgegengesetzten Knie liegt. Um über längere Zeit bequem in dieser Position sitzen zu können, müssen die Knie auf gleicher Höhe wie die Hüften oder darunter sein. Stehen die Knie deutlich höher als die Hüften oder kippt der Oberkörper nach hinten, so viele Kissen wie nötig unter das Gesäß legen.

Durch das Sitzen auf gefalteten Decken bleiben Rücken, Nacken und Kopf in einer Linie.

Vajarasana – Fersensitz

Mit geschlossenen Knien und Füßen hinknien und auf die Fersen setzen. Beim Verlagern des Körpergewichts auf die Fersen schieben sich die Innenknöchel meist auseinander; sie sollten so nah wie möglich beieinander gehalten werden. Beim Sitzen auf hartem Untergrund können die Fußspanne mit einer weichen Unterlage abgepolstert werden.

Siddhasana/Muktasana – Perfekte Haltung

Im Sitzen ein Bein so einbeugen, dass die Ferse den Damm berührt. Die andere Ferse vor der ersten ablegen. Die Knie bleiben in dieser Position leichter am Boden als in der Sukhasana (s. S. 114), aber möglicherweise sitzen Sie auf einem Kissen oder einer Decke bequemer.

Stuhlsitz

Einen Stuhl mit harter, ebener Sitzfläche wählen. Aufrecht hinsetzen, die Schultern in einer Linie mit den Hüften ausrichten, nicht anlehnen. Wer kurze Beine hat, kann die Füße auf eine Unterlage stellen, etwa auf eine eingerollte Decke.

Eine Decke mehrfach falten und quer über die Knie legen. Die Hände mit den Handflächen nach oben auf die Decke legen; die Ellbogen bilden einen nahezu rechten Winkel und die Handflächen sind in dieser Position entspannter. Gegebenenfalls die Höhe durch eine andere Faltweise korrigieren. Diese Deckenrolle kann in allen Sitzhaltungen verwendet werden.

UJJAYI PRANAYAMA

Die Ujjayi-Atmung verleiht Kontrolle über den Luftstrom in die Lungen und sorgt so für eine gleichmäßigere, tiefere und längere Atmung. Dem Körper steht mehr Sauerstoff für die Reinigung und Versorgung jeder einzelnen Zelle zur Verfügung.

Bei der Ujjayi-Atmung ist die Stimmritze im Rachen teilweise geschlossen. Beim Einströmen der Luft entsteht Reibung, die mehr Wärme im Körper schafft. So kann der Körper sich weit in die Asanas strecken; Ujjayi ist eine ideale Atmung für die Yoga-Übungseinheit. Üben Sie Ujjayi zehn bis 20 Atemzüge lang in einer Sitzhaltung. Legen Sie bei Bedarf Pausen ein und schließen Sie die Übung mit der Savasana (s. S. 104) ab. Mit zunehmender Vertrautheit können Sie die Ujjayi-Atmung auf Ihre gesamte Übungseinheit ausdehnen.

- Bequem hinsetzen und mehrmals ausatmen, dabei durch den Mund ein lang gezogenes „haaaa" entweichen lassen.
- Den Mund während des Ausatmens schließen, aber mit geschlossenen Lippen weiterhin den Laut „haaaa" erzeugen. Dabei entsteht ein leiser, kehliger Laut, der an der Stimmritze zu spüren ist. Um zu überprüfen, ob Sie den richtigen Laut erzeugen, die Ohren mit den Händen bedecken und auf den Laut im Kopfinneren lauschen. Er sollte sich wie Meeresrauschen anhören.

TIPP

Beim Atmen sollte keine Belastung zu spüren sein. Die Atmung zu erzwingen, führt zu Veränderungen in Lunge, Zwerchfell und Nervensystem, die Körper und Geist negativ beeinflussen. Ein gleichmäßiger Atem führt zu einem ausgeglichenen Temperament. Folgen Sie im Geiste Ihrer Ausatmung über die gesamte Länge hinweg. Lassen Sie nicht zu, dass die Monotonie Ihre Aufmerksamkeit verringert – und ebenso, dass Ungeduld Sie zu einem neuen Atemzug treibt, bevor die Ausatmung vollkommen beendet ist.

- Den Mund wieder öffnen und den Laut „haaaa" beim Einatmen erzeugen. Den Mund während des Einatmens schließen und die sanfte Reibung im Hals spüren.
- Den Laut „haaaa" beim Ein- und Ausatmen durch die Nase weiterhin entweichen lassen. Die Atmung bleibt weich und leise. Der Laut ist für Umstehende zwar hörbar, muss aber nicht den ganzen Raum füllen. Die Qualität der Ujjayi-Atmung misst sich nicht an der Lautstärke, sondern an der Länge und Gleichmäßigkeit der Atemzüge. Richten Sie Ihre Aufmerksamkeit auf die Beständigkeit, die diese Atmung Ihnen verleiht. Jede Einatmung dehnt sich langsam und fließend aus, bis sie die Lungen ausfüllt. Ebenso strömt die Luft während der gesamten Dauer der Ausatmung langsam und stetig durch die Nasenlöcher.

Die Ujjayi-Atmung schärft den Geist und verbessert die Asanapraxis.

Nadi Shodhana Pranayama
WECHSELATMUNG

Diese Pranayama-Übung wirkt auf körperlicher, geistiger und spiritueller Ebene. Sie dient zur Reinigung (shodhana) der feinstofflichen Energiemeridiane (nadi) und sorgt für das Gleichgewicht zweier wichtiger Prana-Pfade. Durch ihre beruhigende Wirkung hilft sie bei Nervosität oder Verwirrung.

- Bequem hinsetzen und die Augen schließen. Zeige- und Mittelfinger der rechten Hand zur Handfläche krümmen.
- Durch die Nase tief einatmen. Das rechte Nasenloch mit dem Daumen der rechten Hand verschließen und durch das linke Nasenloch tief ausatmen.
- Durch das linke Nasenloch einatmen. Das linke Nasenloch mit Ring- und kleinem Finger

TIPP

Das Üben der Wechselatmung vor dem Schlafengehen erleichtert das Einschlafen.

Beachten Sie beim Einatmen, wie der Atem die Lunge von unten nach oben bis unter die Schlüsselbeine füllt.

verschließen, den Daumen lösen und durch das rechte Nasenloch ausatmen. Die Luft dabei gleichmäßig ein- und ausströmen lassen.

- Durch das rechte Nasenloch einatmen. Das rechte Nasenloch verschließen und durch das linke Nasenloch ausatmen.
- Anschließend durch das linke Nasenloch ein- und durch das rechte Nasenloch ausatmen. Jede Ein- und Ausatmung hält den Luftstrom in konstanter Geschwindigkeit aufrecht.
- Rechts ein-, links ausatmen.
- Links ein-, rechts ausatmen.
- Rechts einatmen und die Übung mit einer Ausatmung durch das linke Nasenloch beenden.
- Die Hand sinken lassen und so oft wie nötig sanft ein- und ausatmen. Beachten Sie die Ruhe. Wenn Sie bereit sind, beginnen Sie mit dem nächsten Durchgang.

Beachten Sie die Stille in der natürlichen Pause zwischen Einatmung und Ausatmung.

VERTIEFEN

Wenn Sie diese Übung mehrmals durchgeführt haben, beginnen Sie, beim Ein- und Ausatmen zu zählen – zunächst langsam bis sechs. Wenn das gut klappt, erhöhen Sie auf acht. Die Atmung sollte sich natürlich anfühlen und niemals angespannt. Kraft wirkt sich beim Pranayama kontraproduktiv aus; wenn Sie sich anstrengen müssen, zählen Sie kürzer. Durch das Zählen werden Ein- und Ausatmung gleich lang, und es bietet einen mentalen Fokus, der die ständige Unruhe im Geist verstummen lässt.

Jeder Durchgang umfasst drei Atemzüge auf jeder Seite und beginnt und endet jeweils mit einer Ausatmung links. Sie können mit Daumen und Fingern der linken Hand mitzählen. Fünf Durchgänge ausführen, dazwischen jeweils den rechten Arm sinken lassen und eine Pause machen. Zum Abschluss in der Savasana (s. S. 104) entspannen.

Während der Übung den rechten Ellbogen so anheben, dass der Kopf nicht zur Seite kippt oder Druck auf die Brust ausgeübt wird. Normalerweise fühlt sich ein Nasenloch offener an als das andere. Diese Dominanz eines Nasenlochs wechselt im Verlauf des Tages in regelmäßigen Abständen.

TIPP

Damit der Atem gleichmäßig bleibt, stellen Sie sich einen Teller voll feiner Asche unter Ihrer Nase vor. Wenn Sie zu gierig einatmen, saugen Sie die Asche ein. Atmen Sie zu kräftig aus, verteilen Sie die Asche auf Ihrer Kleidung.

Der Luftstrom bleibt über die gesamte Länge der Ausatmung gleich stark.

Ein sanfter Druck schließt das Nasenloch, ohne die Nase zur Seite zu schieben.

Beobachten Sie, wo im Rumpf der Atem zu spüren ist.

Zum Mitzählen den Daumen nacheinander an die Finger legen – das unterstützt die Konzentration.

9 Meditation

An einem wolkigen Tag erscheint die Sonne wie hinter einem Schleier. Wenn die Sonne nicht deutlich zu sehen ist, vergisst man leicht ihre Existenz. Das Meditieren schiebt den Wolkenschleier beiseite – die falschen Vorstellungen, die Illusionen – und macht empfänglich für die Berührung des wahren Sonnenlichts, des allgegenwärtigen Glückszustands.

In der Meditation ist der Geist wach und aufmerksam. Er konzentriert sich auf einen Punkt, um das formlose Selbst zu betrachten und darin aufzugehen. Je mehr das Selbst ein Teil des universellen Geistes wird, desto umfassender wird die Meditation. Sie beobachtet und macht den Geist empfänglich für die Wirklichkeit. Als wischte sie einen staubigen Spiegel sauber – so öffnet Sie die Meditation, damit Sie das wahre Spiegelbild der universellen Wirklichkeit erkennen.

Meditieren kann ein tiefes Gefühl innerer Freude hervorrufen.

In den uralten Yoga-Sutren wird Yoga als die Eindämmung der Bewegungen des Geistes (der *chitta-vritti*) definiert. Im Zustand des Yoga kommen die Veränderungen in den Gedankenmustern zum Stillstand. Die Meditation hilft dabei, die chitta-vritti zum Schweigen zu bringen.

Während der Meditation verändern sich die Gehirnwellenmuster vom Wachzustand hin zu den sogenannten Alphawellen der tiefen Entspannung. Wer regelmäßig meditiert, zeigt auch Thetawellen, die in einem tieferen Ruhezustand als dem Schlaf auftreten; in diesem Zustand ist der Meditierende aber vollkommen aufmerksam und bei Bewusstsein. Durch die Synchronisierung der beiden Gehirnhälften erhöhen sich geistige Effizienz sowie kognitive und perzeptive Fähigkeiten; eine Studie hat sogar gezeigt, dass Meditieren über mehrere Jahre hinweg den IQ erhöht.

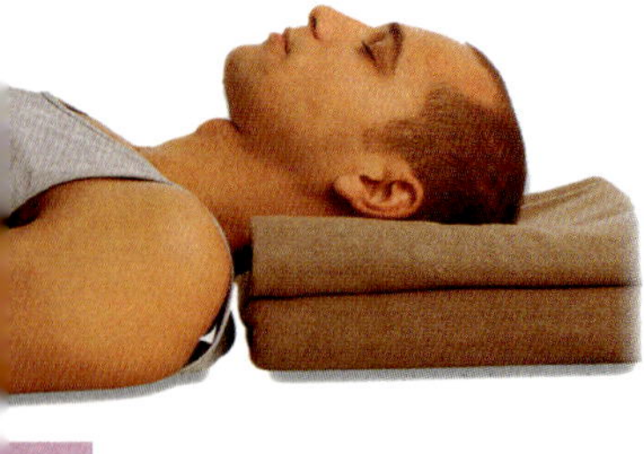

Andere Studien haben physiologische Auswirkungen der Meditation nachgewiesen: Sie verlangsamt den Alterungsprozess, senkt den Blutdruck, lindert Herzerkrankungen, Brustkrebs und Osteoporose und verringert stressbedingte Störungen wie Schlaflosigkeit und Depressionen.

Den Geist zum Schweigen zu bringen, ist keine leichte Aufgabe. In den Veden, den frühesten bekannten Sammlungen spiritueller Schriften in Indien, heißt es, der Geist sei schwieriger zu steuern als der Wind. Und doch spüren Meditierende mit langjähriger Erfahrung, dass die Meditation ihre Lebensqualität verbessert. Sie schenkt ein Gefühl von Entlastung und Neuzentrierung. Die Selbstwahrnehmung wird vertieft und neue Sichtweisen kommen hinzu. In mancherlei Hinsicht werden die Alltagssorgen überwunden.

Dieser überbewusste Zustand der Entrückung von weltlichen Dingen und die Entwicklung einer objektiven Betrachtungsweise bringen eine innere Freude mit sich.

DIE FÜNF STUFEN DER MEDITATION

Wer täglich 20 Minuten lang meditiert, wird auf physiologischer, mentaler und emotionaler Ebene belohnt.

Den Körper entspannen
Asanas wurden entwickelt, um den Körper in eine bequeme Meditationshaltung zu bringen. Eine vollständige Übungsreihe ist vor dem Meditieren nicht nötig; einige Dehnübungen verbessern jedoch die Körperwahrnehmung: Dazu eine bequeme Sitzhaltung einnehmen, in der Rücken, Hals und Kopf aufrecht in einer Linie stehen (Anleitungen dazu im Kapitel „Pranayama", S. 112). Wenn es sich für Sie richtig anfühlt, tasten Sie mit dem Geist den Körper ab und entspannen Sie systematisch jeden Körperteil von unten nach oben. Sie können auch eine ganze Savasana (s. S. 104) durchführen, bevor Sie meditieren.

Wenn Sie eine bequeme Position eingenommen haben, vermeiden Sie jede weitere Bewegung, um sich nicht abzulenken. Wenn Sie still sitzen, wird jede körperliche Empfindung wie durch eine Lupe verstärkt. Ein kleines Jucken kann zu einer großen Qual werden. Konzentrieren Sie sich auf die Atmung, wenn solche Empfindungen aufkommen – sie gehen vorüber.

Den Geist entspannen
Drei reinigende Atemzüge lang durch die Nase ein- und durch den Mund ausatmen. Beim Ausatmen seufzen, um Spannungen loszulassen. Nun drei Durchgänge Nadi Shodhana Pranayama ausführen (s. S. 120), dabei auf das Zählen achten. Wie bei Pranayama wirkt Anspannung auch bei der Meditation kontraproduktiv. Bleiben Sie entspannt.

Nach innen richten
Die Atmung oder ein Mantra sind gute Hilfsmittel zur Verbesserung der Konzentration. Helfen Sie Ihrem Geist, zum Beispiel mit dem Laut „Om", zur Ruhe zu kommen. Das Mantra erst laut singen, dann flüstern und schließlich nur noch im Geiste wiederholen.

Wenn Sie die Atmung zur Unterstützung der Konzentration nutzen möchten, beobachten Sie, wie die Luft durch die Nase fließt. Folgen Sie der kühlen Luft beim Einatmen nach – bis in die Luftröhre. Beobachten Sie sie weiter, ohne jede Eile. Verändern Sie den Atem nicht, werden Sie sich einfach seines Vorhandenseins bewusst. Vielleicht können Sie dem Luftstrom bis in die Bronchien und die Lunge folgen. Beobachten Sie beim Ausatmen, wie die angewärmte Luft aus dem Körper durch die Nasenlöcher nach außen strömt.

Das Bewusstsein erweitern

Die Konzentration auf Stufe drei beschränkt die Gedanken auf ein einziges Thema – ein Mantra oder die Atmung. Im nächsten Schritt werden sie weiter geläutert: von vielen Gedanken hin zu einem einzigen. Wählen Sie ein Thema, auf das Sie Ihre Aufmerksamkeit lenken möchten. Es geht nicht darum, alle Gedanken zu verhindern, sondern einen Angelpunkt für sie zu schaffen, um den sie sich drehen können. An diesem auf einen Punkt gerichteten Bewusstsein beginnt die Meditation. Beobachten Sie den Strom der Gedanken, wie kleine Wellen auf einem See,

Die positiven Auswirkungen der Meditation übertragen sich auf das alltägliche Leben.

ohne ihnen zu folgen. Wenn Sie einem Gedanken folgen, der nicht zum Thema Ihrer Meditation gehört, verleihen Sie ihm die Energie, Sie abzulenken. Üben Sie die Kontrolle über den Geist und bringen Sie ihn sanft zu Ihrem gewählten Thema zurück. Beim Meditieren üben Sie sich als Beobachter, nicht als Akteur.

Meditation beenden

Führen Sie Ihre Gedanken zu einem höheren Ziel hin, etwa die Verwirklichung Ihres spirituellen Selbst. Wenn Sie möchten, sprechen Sie ein Gebet oder singen Sie (s. S. 14). Spirituelles Bestreben nützt wenig, wenn es nicht in den Alltag integriert wird. Erlauben Sie dem Gefühl von Ruhe und Frieden, sich auf Ihre Begegnungen mit anderen auszuweiten.

Tipps für Meditierende

• Legen Sie eine Zeit zum Meditieren fest. Traditionell gelten Sonnenaufgang, Mittag, Sonnenuntergang und Mitternacht als die besten Meditationszeiten.

• Wenn Sie der Vorgang zunächst noch einschüchtert, nehmen Sie sich nur vor, eine halbe Stunde still zu sitzen. Beobachten Sie in dieser Zeit jeden Gedanken, der kommt, und lassen Sie ihn wieder ziehen. Vielleicht bittet Ihr Geist Sie nach etwa 15 Minuten um etwas zum Nachdenken. Dann können Sie ihm Ihr Meditationsthema zur Betrachtung überlassen.

• Wenn Ihr Geist normalerweise permanent beschäftigt ist, kann sich beim „Nichtstun" und Beobachten während der Meditation Langeweile einstellen. Akzeptieren Sie das Gefühl, und machen Sie die Langeweile zum Thema dieser Meditation.

• Jede bewusst ausgeführte Handlung kann meditativ sein. Eine Gehmeditation ist nützlich, wenn Sie das Sitzen über einen langen Zeitraum als sehr unbequem empfinden oder dabei oft eindösen. Richten Sie den Blick auf den Boden, ohne etwas zu fixieren. Gehen Sie langsam im Kreis, und richten Sie die Aufmerksamkeit auf Ihre Füße. Spüren Sie die Empfindungen in jeder Fußsohle, wenn sie abrollt und Kontakt mit dem Boden aufnimmt, wie sie Ihr Gewicht trägt und sich für den nächsten Schritt vom Boden löst. Setzen Sie nach dieser Gehmeditation die Meditation im Sitzen fort.

REGISTER